Collection of Ideological Case
Studies in Materials Discipline

材知材情

材料学科思政素材汇编

王晓燕　主　编
王育萍　李　由　执行主编

ZHEJIANG UNIVERSITY PRESS
浙江大学出版社

·杭州·

图书在版编目（CIP）数据

材知材情:材料学科思政素材汇编 / 王晓燕主编
. —杭州:浙江大学出版社,2024.4
ISBN 978-7-308-24833-4

Ⅰ.①材… Ⅱ.①王… Ⅲ.①高等学校－思想政治教
育－研究－中国 Ⅳ.①G641

中国国家版本馆 CIP 数据核字（2024）第 075339 号

材知材情——材料学科思政素材汇编

王晓燕　主编

策　　划	秦婧雅	
责任编辑	金佩雯	
责任校对	陈　宇　王怡菊	
封面设计	春天书装	
出版发行	浙江大学出版社	
	（杭州市天目山路 148 号　邮政编码 310007）	
	（网址：http://www.zjupress.com）	
排　　版	浙江大千时代文化传媒有限公司	
印　　刷	杭州高腾印务有限公司	
开　　本	710mm×1000mm　1/16	
印　　张	13	
字　　数	231 千	
版 印 次	2024 年 4 月第 1 版　2024 年 4 月第 1 次印刷	
书　　号	ISBN 978-7-308-24833-4	
定　　价	88.00 元	

指导委员会

主　　任　朱铁军

委　　员　王　勇　程　逵　吴浩斌　李　翔

　　　　　余学功　姜银珠　邓人仁　赵新宝

编辑委员会

主　　编　王晓燕

执行主编　王育萍　李　由

编　　委　高铭希　万士齐　孙亦然　陈星宇

　　　　　张瑞安　包晨琛　李佳雯　张雯轩

　　　　　王胜旋　刘　达　杨玉婷　郭金泽

前　言

材料科学是古老的,自蒙昧时代开始,材料的进步一直推动着人类文明的发展;材料学科是年轻的,20世纪中下叶,"材料科学与工程"才作为一门独立学科在世界范围内被广泛确立并研究发展。材料学科的出现,源自多学科交叉与融合,扩大了高等教育的专业领域及教学内容;材料学科的发展,推动了多领域的协同创新,引领了世界科技的重大变革。

我国材料学科发轫于20世纪70年代。1978年,浙江大学将原属机械系、化工系、无线电系、物理系的金属材料、无机非金属材料、高分子材料、半导体材料、磁性材料等专业教研组融合,建立了中国大陆第一个材料科学与工程学系。四十多年来,浙江大学材料科学与工程学院(系)始终围绕立德树人根本任务,在知识传授、能力培养、素质提升、人格塑造"四位一体"的人才培养目标下,将价值观引导寓于知识传授和能力培养中,实现显性教育和隐性教育协同发展。在此基础上,学院进一步挖掘学科历史,凝练学科文化,聚焦学科发展,搜集、整理、编撰形成了《材知材情——材料学科思政素材汇编》,旨在为材料学科专业课程提供丰富的思政素材,为材料学子培育核心素养、厚植家国情怀提供系统的学习资料,铸就立大志、明大德、成大材、担大任的精材学子。

本书分为五部分,分别为"国家部委及各省级行政区有关加快新材料产业发展的规划和政策""材料领域的诺贝尔奖获奖成果简介""材料领域的中国科学院院士""材料领域的中国工程院院士"和"材料领域的上市公司"。

由于编者水平和编写时间所限,书中难免有错漏和偏差之处,敬请读者批评指正。

编　者

2023年11月

目　录

第四部分　材料领域的中国工程院院士 ……………………… 137

第一部分

国家部委及各省级行政区有关
加快新材料产业发展的规划和政策

国家部委有关加快新材料产业发展的规划和政策①

国家部委有关加快新材料产业发展的规划和政策

时间	文件
2023 年 5 月	科学技术部 北京市人民政府 国家发展和改革委员会 教育部 工业和信息化部 财政部 人力资源和社会保障部 国务院国有资产监督管理委员会 中国科学院 中国工程院 国家移民管理局 国家自然科学基金委员会 印发《深入贯彻落实习近平总书记重要批示精神 加快推动北京国际科技创新中心建设的工作方案》的通知
2022 年 12 月	工业和信息化部 国家发展和改革委员会 住房和城乡建设部 水利部 关于深入推进黄河流域工业绿色发展的指导意见
2022 年 8 月	科学技术部 生态环境部 住房和城乡建设部 中国气象局 国家林业和草原局 关于印发《"十四五"生态环境领域科技创新专项规划》的通知
2022 年 8 月	国务院 关于支持山东深化新旧动能转换 推动绿色低碳高质量发展的意见
2022 年 8 月	工业和信息化部办公厅 国务院国有资产监督管理委员会办公厅 国家市场监督管理总局办公厅 国家知识产权局办公室 关于印发原材料工业"三品"实施方案的通知
2022 年 8 月	科学技术部 中央宣传部 中国科学技术协会 关于印发《"十四五"国家科学技术普及发展规划》的通知
2022 年 6 月	工业和信息化部 人力资源和社会保障部 生态环境部 商务部 国家市场监督管理总局 关于推动轻工业高质量发展的指导意见
2022 年 3 月	工业和信息化部 国家发展和改革委员会 科学技术部 生态环境部 应急管理部 国家能源局 关于"十四五"推动石化化工行业高质量发展的指导意见

① 本书第一部分中,国家部委相关文件从 2011 年开始统计,省级行政区相关文件从 2017 年开始统计。

续表

时间	文件
2022 年 1 月	工业和信息化部 国家发展和改革委员会 生态环境部 关于促进钢铁工业高质量发展的指导意见
2022 年 1 月	科学技术部 浙江省人民政府 关于印发《推动高质量发展建设共同富裕示范区科技创新行动方案》的通知
2021 年 12 月	工业和信息化部 关于发布《重点新材料首批次应用示范指导目录(2021 年版)》的通告
2021 年 12 月	中央网络安全和信息化委员会 印发《"十四五"国家信息化规划》
2021 年 12 月	工业和信息化部 科学技术部 自然资源部 关于印发"十四五"原材料工业发展规划的通知
2021 年 12 月	国家铁路局 关于印发《"十四五"铁路科技创新规划》的通知
2020 年 7 月	国务院 关于印发新时期促进集成电路产业和软件产业高质量发展若干政策的通知
2018 年 4 月	工业和信息化部 财政部 关于印发国家新材料产业资源共享平台建设方案的通知
2017 年 12 月	国务院办公厅 关于深化产教融合的若干意见
2017 年 4 月	科学技术部 关于印发《"十三五"材料领域科技创新专项规划》的通知
2016 年 12 月	工业和信息化部 国家发展和改革委员会 科学技术部 财政部 关于印发新材料产业发展指南的通知
2015 年 5 月	国务院 关于印发《中国制造 2025》的通知
2014 年 6 月	工业和信息化部 正式公布《国家集成电路产业发展推进纲要》
2012 年 5 月	工业和信息化部 印发《高端装备制造业"十二五"发展规划》
2011 年 12 月	科学技术部 人力资源和社会保障部 教育部 中国科学院 中国工程院 国家自然科学基金委员会 中国科学技术协会 关于印发国家中长期新材料人才发展规划(2010—2020 年)的通知

全国各省级行政区有关加快
新材料产业发展的规划和政策

北京市有关加快新材料产业发展的规划和政策

时间	文件
2023 年 9 月	北京市人民政府办公厅 关于印发《北京市促进未来产业创新发展实施方案》的通知
2022 年 12 月	北京市碳达峰碳中和工作领导小组办公室 关于印发北京市民用建筑节能降碳工作方案暨"十四五"时期民用建筑绿色发展规划的通知
2022 年 10 月	北京市人民政府 关于印发《北京市碳达峰实施方案》的通知
2021 年 11 月	中共北京市委 北京市人民政府 关于印发《北京市"十四五"时期国际科技创新中心建设规划》的通知
2021 年 8 月	北京市人民政府 关于印发《北京市"十四五"时期高精尖产业发展规划》的通知
2017 年 12 月	中共北京市委 北京市人民政府 关于印发加快科技创新构建高精尖经济结构系列文件的通知

天津市有关加快新材料产业发展的规划和政策

时间	文件
2022 年 8 月	天津市人民政府 关于印发天津市碳达峰实施方案的通知
2021 年 10 月	天津市工业和信息化局 关于印发天津市新材料产业发展"十四五"专项规划的通知
2021 年 8 月	天津市人民政府办公厅 关于印发天津市科技创新"十四五"规划的通知
2021 年 6 月	天津市人民政府办公厅 关于印发天津市制造业高质量发展"十四五"规划的通知
2018 年 10 月	天津市人民政府办公厅 关于印发天津市新材料产业发展三年行动计划(2018—2020 年)的通知
2018 年 10 月	天津市人民政府办公厅 关于印发天津市新能源产业发展三年行动计划(2018—2020 年)的通知

河北省有关加快新材料产业发展的规划和政策

时间	文件
2022 年 2 月	河北省工业和信息化厅 河北省发展和改革委员会 河北省生态环境厅 印发《河北省加快推进钢铁产业高质量发展若干措施》
2022 年 1 月	河北省人民政府办公厅 关于印发河北省制造业高质量发展"十四五"规划的通知
2021 年 11 月	河北省人民政府办公厅 关于印发河北省科技创新"十四五"规划的通知
2021 年 11 月	河北省发展和改革委员会 关于印发《河北省战略性新兴产业发展"十四五规划》的通知
2018 年 5 月	河北省人民政府办公厅 关于加快集成电路产业发展的实施意见

山西省有关加快新材料产业发展的规划和政策

时间	文件
2023 年 1 月	山西省人民政府 印发山西省碳达峰实施方案的通知
2022 年 7 月	山西省人民政府办公厅 关于促进煤化工产业绿色低碳发展的意见
2022 年 6 月	山西省人民政府办公厅 关于推动焦化行业高质量发展的意见
2022 年 2 月	山西省工业和信息化厅 关于印发《山西省新材料产业集群打造 2022 年行动计划》的通知
2022 年 2 月	山西省人民政府办公厅 关于支持煤系高岭土材料产业高质量发展的意见
2021 年 6 月	山西省人民政府 关于促进半导体产业高质量发展引导集成电路产业健康发展的指导意见
2021 年 4 月	山西省人民政府 关于印发山西省"十四五"新材料规划的通知
2020 年 9 月	山西省人民政府 关于印发山西省支持新材料产业高质量发展若干政策的通知
2020 年 7 月	山西省工业和信息化厅 关于印发《山西省千亿级新材料产业集群培育行动计划(2020 年)》的通知
2017 年 4 月	山西省人民政府办公厅 关于印发山西省加快推进新材料产业发展实施方案的通知

内蒙古自治区有关加快新材料产业发展的规划和政策

时间	文件
2022 年 2 月	内蒙古自治区人民政府 关于促进制造业高端化、智能化、绿色化发展的意见
2021 年 11 月	内蒙古自治区工业和信息化厅 关于印发自治区新材料产业高质量发展方案(2021—2025)的通知
2021 年 9 月	内蒙古自治区人民政府 关于加快建立健全绿色低碳循环发展经济体系具体措施的通知
2021 年 4 月	内蒙古自治区人民政府办公厅 关于加强建筑节能和绿色建筑发展的实施意见
2019 年 8 月	内蒙古自治区发展和改革委员会 关于印发《内蒙古石墨(烯)新材料产业基金管理暂行办法》的通知
2018 年 1 月	内蒙古自治区人民政府 印发关于加快稀土产业转型升级若干政策的通知

辽宁省有关加快新材料产业发展的规划和政策

时间	文件
2022 年 6 月	辽宁省人民政府 关于印发辽宁省"十四五"节能减排综合工作方案的通知
2022 年 2 月	辽宁省人民政府办公厅 关于印发辽宁省深入推进结构调整"三篇大文章"三年行动方案(2022—2024年)的通知
2019 年 1 月	辽宁省人民政府办公厅 关于印发辽宁省建设国家新型原材料基地工程实施方案的通知

吉林省有关加快新材料产业发展的规划和政策

时间	文件
2023 年 3 月	吉林省人民政府办公厅 关于支持电子信息制造业创新发展的意见
2022 年 11 月	吉林省人民政府 关于印发支持氢能产业发展若干政策措施(试行)的通知
2021 年 12 月	吉林省人民政府办公厅 关于印发吉林省战略性新兴产业发展"十四五"规划的通知
2021 年 9 月	吉林省工业和信息化厅 关于印发吉林省冶金建材产业发展"十四五"规划的通知
2021 年 9 月	吉林省工业和信息化厅 关于印发吉林省石化产业发展"十四五"规划的通知

黑龙江省有关加快新材料产业发展的规划和政策

时间	文件
2022 年 10 月	黑龙江省石墨产业发展领导小组 关于印发《黑龙江省石墨产业振兴专项行动方案（2022—2026 年）》的通知
2022 年 8 月	黑龙江省人民政府办公厅 关于印发黑龙江省科技振兴行动计划（2022—2026 年）的通知
2019 年 6 月	黑龙江省人民政府 关于印发黑龙江省工业强省建设规划（2019—2025 年）的通知

上海市有关加快新材料产业发展的规划和政策

时间	文件
2022 年 12 月	上海市经济和信息化委员会 上海市发展和改革委员会 上海市科学技术委员会 上海市生态环境局 关于印发《上海市工业领域碳达峰实施方案》的通知
2022 年 9 月	上海市人民政府 关于印发《上海打造未来产业创新高地发展壮大未来产业集群行动方案》的通知
2022 年 7 月	上海市人民政府 关于印发《上海市碳达峰实施方案》的通知
2021 年 12 月	上海市人民政府 关于印发新时期促进上海市集成电路产业和软件产业高质量发展若干政策的通知
2021 年 12 月	上海市经济和信息化委员会 关于印发《上海市先进材料产业发展"十四五"规划》的通知
2021 年 6 月	上海市人民政府办公厅 关于印发《上海市战略性新兴产业和先导产业发展"十四五"规划》的通知

江苏省有关加快新材料产业发展的规划和政策

时间	文件
2023 年 2 月	江苏省人民政府办公厅 印发关于推动战略性新兴产业融合集群发展实施方案的通知
2023 年 1 月	江苏省人民政府 印发关于进一步促进集成电路产业高质量发展若干政策的通知
2021 年 11 月	江苏省人民政府办公厅 关于印发江苏省"十四五"新能源汽车产业发展规划的通知
2021 年 9 月	江苏省人民政府办公厅 关于印发江苏省"十四五"科技创新规划的通知
2021 年 8 月	江苏省人民政府办公厅 关于印发江苏省"十四五"制造业高质量发展规划的通知
2020 年 12 月	江苏省人民政府办公厅 关于印发江苏省"产业强链"三年行动计划(2021—2023 年)的通知
2018 年 6 月	江苏省人民政府 关于加快培育先进制造业集群的指导意见

浙江省有关加快新材料产业发展的规划和政策

时间	文件
2022 年 5 月	中共浙江省委科技强省建设领导小组办公室 关于全面推进科技政策扎实落地的实施意见
2022 年 4 月	浙江省经济和信息化厅 关于印发 2022 年浙江省发展新型墙体材料工作要点的通知
2022 年 4 月	浙江省新材料产业发展联席会议办公室 印发《2022 年省新材料产业发展工作要点》
2021 年 7 月	浙江省人民政府 关于印发浙江省全球先进制造业基地建设"十四五"规划的通知
2021 年 3 月	浙江省发展和改革委员会　浙江省经济和信息化厅 关于印发《浙江省新材料产业发展"十四五"规划》的通知
2019 年 4 月	浙江省人民政府办公厅 关于印发浙江省加快新材料产业发展行动计划(2019—2022 年)的通知

安徽省有关加快新材料产业发展的规划和政策

时间	文件
2023 年 12 月	安徽省人民政府 关于印发支持首台套重大技术装备首批次新材料首版次软件发展若干政策的通知
2022 年 11 月	安徽省发展和改革委员会 关于印发支持新材料产业发展若干政策的通知
2022 年 2 月	安徽省发展和改革委员会 关于印发安徽省"十四五"新材料产业发展规划的通知
2021 年 2 月	安徽省人民政府办公厅 关于印发支持凹凸棒基新材料产业发展若干政策的通知
2020 年 3 月	安徽省人民政府办公厅 关于印发支持生物基新材料产业发展若干政策的通知

福建省有关加快新材料产业发展的规划和政策

时间	文件
2024 年 1 月	福建省人民政府 关于支持宁德市开发三都澳建设新能源新材料产业核心区的意见
2022 年 12 月	福建省发展和改革委员会 关于加快推动锂电新能源新材料产业高质量发展的实施意见
2022 年 8 月	福建省人民政府办公厅 关于印发福建省推进绿色经济发展行动计划(2022—2025 年)的通知
2022 年 4 月	福建省人民政府办公厅 关于进一步支持漳州古雷石化基地加快开发建设的通知
2022 年 4 月	福建省人民政府办公厅 关于印发福建省新能源汽车产业发展规划(2022—2025 年)的通知
2017 年 7 月	福建省人民政府办公厅 关于加快石墨烯产业发展六条措施的通知

江西省有关加快新材料产业发展的规划和政策

时间	文件
2022 年 12 月	江西省人民政府办公厅 印发关于进一步加强基础研究若干措施的通知
2021 年 11 月	江西省工业和信息化厅 关于印发《江西省"十四五"新能源产业高质量发展规划》的通知
2021 年 11 月	江西省工业和信息化厅 关于印发《江西省"十四五"新材料产业高质量发展规划》的通知
2021 年 7 月	江西省人民政府 印发关于加快建立健全绿色低碳循环发展经济体系的若干措施的通知
2020 年 5 月	江西省人民政府办公厅 关于支持铜产业稳定发展若干政策措施的通知
2020 年 1 月	江西省人民政府办公厅 关于促进稀土产业高质量发展的实施意见
2019 年 1 月	江西省人民政府办公厅 关于印发京九(江西)电子信息产业带发展规划的通知

山东省有关加快新材料产业发展的规划和政策

时间	文件
2022 年 12 月	中共山东省委 山东省人民政府 印发《山东省建设绿色低碳高质量发展先行区三年行动计划（2023—2025 年）》
2022 年 11 月	山东省人民政府办公厅 关于印发《国务院关于支持山东深化新旧动能转换推动绿色低碳高质量发展的意见》分工落实方案的通知
2022 年 3 月	山东省人民政府办公厅 关于印发"十大创新""十强产业""十大扩需求"2022 年行动计划的通知
2018 年 10 月	山东省人民政府 关于印发山东省新材料产业发展专项规划（2018—2022 年）的通知
2017 年 11 月	山东省人民政府办公厅 关于推进石化产业调结构促转型增效益的通知

河南省有关加快新材料产业发展的规划和政策

时间	文件
2022 年 7 月	河南省人民政府办公厅 关于印发河南省加快材料产业优势再造换道领跑行动计划（2022—2025 年）的通知
2021 年 12 月	河南省人民政府 关于印发河南省"十四五"战略性新兴产业和未来产业发展规划的通知
2022 年 1 月	河南省人民政府办公厅 关于印发河南省加快传统产业提质发展行动方案等三个方案的通知
2021 年 12 月	河南省人民政府办公厅 关于印发河南省促进天使风投创投基金高质量发展实施方案河南省数字经济和生物医药新材料政府引导基金设立方案的通知

湖北省有关加快新材料产业发展的规划和政策

时间	文件
2023 年 12 月	湖北省制造强省建设领导小组 印发《湖北省新材料产业高质量发展三年行动方案(2023—2025 年)》
2021 年 12 月	湖北省经济和信息化厅 关于印发湖北省新材料产业高质量发展"十四五"规划的通知
2021 年 9 月	湖北省人民政府 关于印发湖北省科技创新"十四五"规划的通知
2021 年 7 月	湖北省经济和信息化厅 湖北省发展和改革委员会 湖北省生态环境厅 湖北省卫生健康委员会 湖北省药品监督管理局 关于印发《湖北省原料药生产基地建设实施方案(2021—2025 年)》的通知

湖南省有关加快新材料产业发展的规划和政策

时间	文件
2022 年 9 月	湖南省工业和信息化厅 湖南省发展和改革委员会 湖南省教育厅 湖南省科学技术厅 湖南省财政厅 湖南省自然资源厅 湖南省生态环境厅 湖南省人力资源和社会保障厅 湖南省商务厅 湖南省文化和旅游厅 湖南省市场监督管理局 湖南省地方金融监督管理局 国家税务总局湖南省税务局 关于印发《支持先进陶瓷材料产业集群高质量发展的政策措施》的通知
2022 年 1 月	湖南省工业和信息化厅 发布《湖南省新材料产业"十四五"发展规划》
2020 年 12 月	湖南省工业和信息化厅 关于印发《湖南省碳基材料产业链三年行动计划(2021—2023 年)》《湖南省新型合金产业链三年行动计划(2021—2023 年)》《湖南省先进陶瓷材料产业链三年行动计划(2021—2023 年)》的通知
2020 年 12 月	湖南制造强省建设领导小组办公室 关于印发《湖南省先进储能材料及动力电池产业链三年行动计划(2021—2023 年)》《湖南省化工新材料产业链五年行动计划(2021—2025 年)》的通知

广东省有关加快新材料产业发展的规划和政策

时间	文件
2021 年 7 月	广东省人民政府 关于印发广东省制造业高质量发展"十四五"规划的通知
2020 年 9 月	广东省工业和信息化厅 广东省发展和改革委员会 广东省科学技术厅 广东省生态环境厅 广东省商务厅 广东省市场监督管理局 关于印发广东省发展先进材料战略性支柱产业集群行动计划（2021—2025 年）的通知
2020 年 9 月	广东省科学技术厅 广东省发展和改革委员会 广东省工业和信息化厅 广东省商务厅 广东省市场监督管理局 关于印发广东省培育前沿新材料战略性新兴产业集群行动计划（2021—2025 年）的通知

广西壮族自治区有关加快新材料产业发展的规划和政策

时间	文件
2022 年 2 月	广西壮族自治区工业和信息化厅 关于印发广西金属新材料产业发展"十四五"规划的通知
2022 年 1 月	广西壮族自治区工业和信息化厅 关于印发广西新材料产业倍增发展实施方案的通知
2021 年 9 月	广西壮族自治区人民政府 关于印发广西战略性新兴产业发展"十四五"规划的通知
2021 年 9 月	广西壮族自治区人民政府办公厅 关于印发广西战略性新兴产业发展三年行动方案(2021—2023 年)的通知
2020 年 7 月	广西壮族自治区人民政府办公厅 印发关于提升广西关键产业链供应链稳定性和竞争力若干措施的通知
2018 年 9 月	广西壮族自治区人民政府办公厅 关于印发广西石墨烯产业发展工作方案的通知
2018 年 7 月	广西壮族自治区人民政府办公厅 关于印发南宁高端铝产业基地建设行动计划(2018—2022 年)的通知
2017 年 11 月	广西壮族自治区人民政府办公厅 关于印发广西冶金产业二次创业实施方案(2017—2025 年)的通知

海南省有关加快新材料产业发展的规划和政策

时间	文件
2022 年 10 月	海南省自然资源和规划厅 海南省发展和改革委员会 海南省工业和信息化厅 发布《海南省油气产业发展"十四五"规划》
2021 年 7 月	海南省人民政府办公厅 关于印发《海南省高新技术产业"十四五"发展规划》的通知
2021 年 4 月	海南省发展和改革委员会 关于印发海南省加快全生物降解材料产业发展的若干政策措施（试行）的通知

四川省有关加快新材料产业发展的规划和政策

时间	文件
2023 年 1 月	四川省经济和信息化厅 四川省发展和改革委员会 四川省科学技术厅 四川省自然资源厅 四川省生态环境厅 关于促进四川省稀土产业高质量发展的实施意见
2022 年 11 月	四川省经济和信息化厅 四川省发展和改革委员会 四川省科学技术厅 四川省自然资源厅 四川省生态环境厅 关于促进钒钛产业高质量发展的实施意见
2022 年 11 月	四川省科学技术厅 关于印发《四川省建设先进绿色低碳技术创新策源地实施方案（2022—2025年）》的通知
2021 年 12 月	中共四川省委 关于以实现碳达峰碳中和目标为引领推动绿色低碳优势产业高质量发展的决定
2021 年 7 月	四川省经济和信息化厅 四川省财政厅 关于印发《四川省重大技术装备首台套新材料首批次软件首版次认定管理办法》的通知
2017 年 5 月	四川省人民政府办公厅 关于印发促进建材工业稳增长调结构增效益的实施方案的通知

贵州省有关加快新材料产业发展的规划和政策

时间	文件
2022 年 11 月	贵州省工业和信息化厅 关于印发贵州省煤化工产业发展规划(2019—2025 年)(2022 年修订)的通知
2022 年 6 月	贵州省发展和改革委员会 贵州省科学技术厅 贵州省工业和信息化厅 贵州省财政厅 贵州省自然资源厅 贵州省生态环境厅 贵州省商务厅 贵州省能源局 关于印发《关于支持铜仁市打造国家级新型功能材料战略性新兴产业集群的若干政策措施》的通知
2022 年 4 月	贵州省新型工业化工作领导小组办公室 关于印发《2022 年推进贵州省新能源电池及材料产业高质量发展行动方案》的通知
2021 年 11 月	贵州省工业和信息化厅 关于印发《贵州省"十四五"新型建材产业发展规划》的通知
2021 年 7 月	贵州省新型工业化工作领导小组 印发《关于推进锂电池材料产业高质量发展的指导意见》的通知

云南省有关加快新材料产业发展的规划和政策

时间	文件
2022 年 6 月	云南省发展和改革委员会 云南省工业和信息化厅 关于印发云南省新材料产业发展三年行动及支持新材料产业发展的若干政策措施的通知
2022 年 4 月	云南省人民政府 关于印发云南省"十四五"制造业高质量发展规划的通知
2021 年 12 月	云南省工业和信息化厅 关于印发云南省"十四五"原材料工业发展规划的通知
2021 年 12 月	云南省工业和信息化厅 关于印发云南省全链条重塑有色金属及新材料产业新优势行动计划的通知

重庆市有关加快新材料产业发展的规划和政策

时间	文件
2023 年 12 月	重庆市经济和信息化委员会 印发《重庆市先进材料产业集群高质量发展行动计划(2023—2027 年)》
2022 年 12 月	重庆市经济和信息化委员会 关于印发重庆市材料工业高质量发展"十四五"规划的通知
2022 年 3 月	重庆市经济和信息化委员会 关于印发重庆市化工产业高质量发展行动计划(2021—2025 年)的通知
2021 年 12 月	重庆市经济和信息化委员会 关于印发重庆市智能终端产业高质量发展行动计划(2021—2025 年)的通知

西藏自治区有关加快新材料产业发展的规划和政策

时间	文件
2021 年 5 月	西藏自治区住房和城乡建设厅 发布西藏自治区建筑业发展"十四五"规划
2019 年 10 月	西藏自治区经济和信息化厅 发布西藏自治区工业园区管理暂行办法（试行）
2017 年 3 月	西藏自治区人民政府办公厅 关于促进建材产业快速健康发展的意见

陕西省有关加快新材料产业发展的规划和政策

时间	文件
2022 年 7 月	陕西省人民政府 关于印发碳达峰实施方案的通知
2022 年 1 月	陕西省人民政府办公厅 关于印发推动制造业高质量发展实施方案的通知
2021 年 11 月	陕西省人民政府办公厅 关于印发"十四五"制造业高质量发展规划的通知
2021 年 6 月	陕西省人民政府 关于促进高新技术产业开发区高质量发展的实施意见

甘肃省有关加快新材料产业发展的规划和政策

时间	文件
2023 年 11 月	甘肃省人民政府 关于印发甘肃省新材料产业发展规划的通知
2022 年 6 月	甘肃省工业和信息化厅 牵头制定《甘肃省强工业行动实施方案(2022—2025 年)》
2022 年 2 月	甘肃省工业和信息化厅 关于印发《2022 年原材料产业工作要点》的通知
2021 年 5 月	甘肃省人民政府办公厅 关于培育壮大新能源产业链的意见
2021 年 3 月	甘肃省工业和信息化厅 关于进一步做好新材料产业发展工作的通知

青海省有关加快新材料产业发展的规划和政策

时间	文件
2022 年 12 月	青海省人民政府办公厅 关于印发青海省加快推进世界级盐湖产业基地建设促进盐湖产业高质量发展若干措施的通知
2022 年 12 月	青海省发展和改革委员会 青海省能源局 关于印发《青海省促进氢能产业发展的若干政策措施》的通知
2022 年 12 月	青海省发展和改革委员会 青海省能源局 关于印发《青海省氢能产业发展三年行动方案（2022—2025 年）》的通知
2022 年 12 月	青海省发展和改革委员会 青海省能源局 关于印发《青海省氢能产业发展中长期规划（2022—2035 年）》的通知
2022 年 9 月	青海省人民政府 关于印发青海省实施工业经济高质量发展"六大工程"工作方案（2022—2025 年)的通知
2021 年 12 月	青海省人民政府办公厅 关于印发青海省"十四五"循环经济发展行动方案的通知

宁夏回族自治区有关加快新材料产业发展的规划和政策

时间	文件
2022 年 9 月	宁夏回族自治区工业和信息化厅 宁夏回族自治区市场监督管理厅 发布《宁夏"六新"产业高质量发展标准体系 第 1 部分：新型材料》
2022 年 9 月	宁夏回族自治区人民政府办公厅 关于印发宁夏回族自治区能源发展"十四五"规划的通知
2022 年 1 月	宁夏回族自治区人民政府 关于印发宁夏回族自治区推动高质量发展标准体系建设方案（2021 年—2025 年）的通知
2021 年 12 月	宁夏回族自治区人民政府 关于加快建立健全绿色低碳循环发展经济体系的实施意见
2021 年 11 月	宁夏回族自治区人民政府办公厅 关于印发宁东能源化工基地"十四五"发展规划的通知
2021 年 10 月	宁夏回族自治区人民政府办公厅 关于印发宁夏回族自治区开发区总体发展"十四五"规划的通知
2021 年 3 月	宁夏回族自治区科学技术厅 关于印发《自治区新材料产业高质量发展科技支撑行动方案》的通知
2020 年 12 月	宁夏回族自治区新材料产业高质量发展工作推进小组 关于印发《自治区新材料产业重点企业遴选及管理办法（试行）》的通知

新疆维吾尔自治区有关加快新材料产业发展的规划和政策

时间	文件
2017 年 7 月	新疆维吾尔自治区人民政府办公厅 关于印发认真贯彻习近平总书记提出的"严禁三高项目进新疆"指示精神着力推进硅基新材料产业健康发展实施意见的通知

香港特别行政区、澳门特别行政区有关加快新材料产业发展的规划和政策

时间	文件
2022 年 12 月	香港特别行政区政府 公布《香港创新科技发展蓝图》
2021 年 9 月	中共中央 国务院 印发《横琴粤澳深度合作区建设总体方案》
2019 年 2 月	中共中央 国务院 印发《粤港澳大湾区发展规划纲要》

台湾省有关加快新材料产业发展的文件

时间	文件
2021 年 8 月	台湾省 发布亚洲·硅谷 2.0 推动方案
2018 年 12 月	台湾省 发布 5＋2 产业创新计划循环经济推动方案
2017 年 4 月	台湾省 增修能源发展纲领

第二部分

材料领域的诺贝尔奖获奖成果简介

1901 年诺贝尔物理学奖①
——X 射线的发现

威廉·康拉德·伦琴
1901 年诺贝尔物理学奖获得者

Wilhelm Conrad
Röntgen

生于：1845 年 3 月 27 日，普鲁士伦内普（现属德国）
卒于：1923 年 2 月 10 日，德国慕尼黑
获奖时所在机构：德国慕尼黑大学
获奖理由："表彰他为发现随后以他的名字命名的非凡射线所做出的卓越贡献"
奖项份额：1/1

生平介绍

　　伦琴出生于伦内普，从小在荷兰长大。伦琴在苏黎世联邦理工学院获得学士学位，并在苏黎世大学获得物理学博士学位。在完成学业后，伦琴曾在斯特拉斯堡、吉森和维尔茨堡的大学工作，此时的相关研究使他获得了诺贝尔奖。1900年，伦琴放弃移民美国的计划，转而前往慕尼黑大学任职并度过余生。伦琴于1872 年与伯莎·路德维希（Bertha Ludwig）结婚，后来收养了伯莎的兄弟的女儿。

获奖工作

　　1895 年，伦琴研究阴极射线时发现，当电荷被施加到充满稀薄气体的玻璃管内的两块金属板上时，就会发生一种现象。虽然仪器已被屏蔽，但附近的感光屏幕上出现了微弱的光线。进一步的调查揭示，这是由一种具有穿透力的未知辐射引起的。X 射线辐射成为进行物理实验和检查人体内部的有力工具。

---

　　① 　本书第二部分内容来源于诺贝尔奖网站（https://www.nobelprize.org/prizes）。

1902 年诺贝尔物理学奖

——磁性对辐射现象的影响

亨德里克·安东·洛伦兹
1902 年诺贝尔物理学奖获得者

Hendrik Antoon
Lorentz

生于：1853 年 7 月 18 日，荷兰阿纳姆
卒于：1928 年 2 月 4 日，荷兰
获奖时所在机构：荷兰莱顿大学
获奖理由："表彰他们在研究磁场对辐射现象的影响方面所做出的卓越贡献"
奖项份额：1/2

生平介绍

洛伦兹是莱顿大学的一位荷兰物理学家。洛伦兹毕业于数学和物理学专业，并在攻读博士学位期间担任教师。24 岁时，他成为一名理论物理学教授。洛伦兹提出了预测相对论的理论，与爱因斯坦有广泛的联系。此外，洛伦兹推导出了水流运动方程式，并将该理论知识应用于大坝改进工程。

获奖工作

19 世纪，洛伦兹阐明了电、磁和光之间的重要联系。1892 年，他提出了电子理论，认为在物质中存在带电粒子——电子，它们传导电流，并产生光的振荡。洛伦兹的电子理论可以解释彼德·塞曼（Pieter Zeeman）在 1896 年发现的不同波长的光谱线在磁场的作用下会分裂成几条线的现象。

彼德·塞曼

1902 年诺贝尔物理学奖获得者

Pieter
Zeeman

生于：1865 年 5 月 25 日，荷兰佐内马伊尔
卒于：1943 年 10 月 9 日，荷兰阿姆斯特丹
获奖时所在机构：荷兰阿姆斯特丹大学
获奖理由："表彰他们在研究磁场对辐射现象的影响方面所做出的卓越贡献"
奖项份额：1/2

生平介绍

荷兰物理学家塞曼曾就读于莱顿大学。他的导师包括卡默林·赫海克·奥内斯(Kammerlingh Heike Onnes，1913 年诺贝尔物理学奖获得者)和亨德里克·安东·洛伦兹(Hendrik Antoon Lorentz，1902 年诺贝尔物理学奖获得者)。毕业后，塞曼任职阿姆斯特丹大学教授，直至退休。1923 年，他担任塞曼实验室主任(该实验室以他的名字命名)。年轻时，他就对物理学特别是天文学产生兴趣。18 岁时，他便向《自然》杂志提交并发表了一篇关于北极光观测的文章。

获奖工作

19 世纪，洛伦兹阐明了电、磁和光之间的重要联系。同时，不同物质发射和吸收某些特定波长的光的现象也更加明显。每种物质都有一个特征线谱。1896 年，塞曼研究了磁场对光的影响。结果发现，光的谱线会在磁场作用下分裂成几条谱线。这种现象可以用塞曼的导师洛伦兹提出的电子理论来解释。

1904 年诺贝尔物理学奖
——重要气体密度及氩的发现

瑞利勋爵

1904 年诺贝尔物理学奖获得者

Lord
Rayleigh

本名约翰·威廉·斯特拉特(John William Strutt)
生于:1842 年 11 月 12 日,英国埃塞克斯郡莫尔登朗福德花园
卒于:1919 年 6 月 30 日,英国
获奖时所在机构:英国皇家学会
获奖理由:"表彰他对重要气体密度的研究以及在这些研究中发现了氩"
奖项份额:1/1

获奖工作

我们周围的空气由几种不同的气体组成,其中大部分是氮气和氧气。瑞利勋爵开创了研究大气气体物理性质的方法。他比较了从空气中提取的氮气与从化学化合物中提取的氮气,发现从空气中提取的氮气更重。他由此得出结论:空气中一定含有另一种未知的物质。1894 年,他与威廉·拉姆齐(William Ramsay)一起成功地提取了这种未知的元素——氩,并分析了其性质。

1906 年诺贝尔化学奖
——氟及氟化物的研究

亨利·莫瓦桑

Henri

1906 年诺贝尔化学奖获得者

Moissan

生于:1852 年 9 月 28 日,法国巴黎
卒于:1907 年 2 月 20 日,法国巴黎
获奖时所在机构:法国巴黎索邦大学
获奖理由:"表彰他在氟元素的研究和分离方面所做出的巨大贡献,以及以他的名字命名的电炉在科学服务中的应用"
奖项份额:1/1

获奖工作

　　19 世纪关于各种盐和矿物质的研究使化学家怀疑存在一种未知元素,其性质类似于氯和碘。然而,分离这种物质非常困难。莫瓦桑通过发明一种巧妙的装置,在 1886 年成功地制备了由氟化物组成的气体。莫瓦桑还发明了一种将电弧用作热源的新型电炉。通过该电炉,莫瓦桑成功地合成了微小的金刚石和其他材料。

1911 年诺贝尔化学奖
——镭和钋元素的发现及镭的提纯

玛丽·居里

1911 年诺贝尔化学奖获得者

Marie
Curie

本姓斯克沃多夫斯卡(Sklodowska)

生于:1867 年 11 月 7 日,波兰华沙

卒于:1934 年 7 月 4 日,法国萨朗什

获奖时所在机构:法国巴黎索邦大学

获奖理由:"表彰她通过发现镭和钋元素、分离镭并研究这一重要元素及其化合物的性质,对化学发展做出的贡献"

奖项份额:1/1

生平介绍

玛丽·斯克沃多夫斯卡出生于波兰华沙的一个对教育有着坚定信念的教师家庭。她前往巴黎继续学业时遇到了皮埃尔·居里(Pierre Curie),后来他们结为夫妻并一同在放射性领域开展合作。夫妻二人共同获得了 1903 年诺贝尔物理学奖。1906 年,皮埃尔去世,但居里夫人仍然继续进行二人的工作,并成为第一个两次获得诺贝尔奖的人。第一次世界大战期间,居里夫人组织了机动 X 射线医疗队伍。居里夫妇的女儿伊雷娜(Irene Joliot-Curie)也与她的丈夫弗雷德里克·约里奥(Frederic Joliot)共同获得了 1935 年诺贝尔化学奖。

获奖工作

在居里夫妇首次发现放射性元素钋和镭之后,居里夫人继续研究它们的性质。1910 年,她成功地制备出纯金属镭,毫无疑问地证明了这种新元素的存在。她还记录了放射性元素及其化合物的性质。放射性化合物在科学实验和医学领域中成为重要的辐射源,被用于治疗肿瘤等疾病。

1912 年诺贝尔化学奖
——格氏试剂及有机脱氧催化

维克多·格林尼亚
1912 年诺贝尔化学奖获得者

Victor
Grignard

生于：1871 年 5 月 6 日，法国瑟堡
卒于：1935 年 12 月 13 日，法国里昂
获奖时所在机构：法国南锡大学
获奖理由："表彰他发现了格氏试剂并极大地推动了有机化学的发展"
奖项份额：1/2

获奖工作

　　自然界充满了有机物质——数量和种类繁多的含有碳元素的化合物。通过化学手段合成有机物质在科学和工业领域中都非常重要。1900 年，格林尼亚开创了一种方法：通过使碳原子相互结合，将基本的有机化合物组合成更复杂的有机化合物。这种方法以镁作为激活该反应过程的试剂。

保罗·萨巴捷

1912 年诺贝尔化学奖获得者

Paul
Sabatier

生于:1854 年 11 月 5 日,法国卡尔卡松
卒于:1941 年 8 月 14 日,法国图卢兹
获奖时所在机构:法国图卢兹大学
获奖理由:"表彰他利用精细的金属粉末发明了有机化合物的加氢法并极大地推动了有机化学的发展"
奖项份额:1/2

获奖工作

自然界充满了有机物质——数量和种类繁多的含有碳元素的化合物。通过化学手段合成有机物质在科学和工业领域中都非常重要。1897 年前后,萨巴捷发明了一种方法,该方法能够让不饱和的有机物质吸收氢并形成新的有机化合物。这种方法主要以镍及其他金属作为催化剂,这些催化剂可以促进反应但不进入到最终产物中。

1914 年诺贝尔物理学奖
——晶体的 X 射线衍射

马克斯·冯·劳厄
1914 年诺贝尔物理学奖获得者

Max
von Laue

生于:1879 年 10 月 9 日,德国普法芬多夫
卒于:1960 年 4 月 23 日,德国柏林
获奖时所在机构:德国法兰克福大学
获奖理由:"表彰他发现了晶体中 X 射线的衍射现象"
奖项份额:1/1

生平介绍

　　劳厄是一位军人的儿子,在德国多个城市成长。他的学生时代也在多所大学中度过。当他发现晶体中 X 射线的衍射现象时,他正在慕尼黑工作。1919年,在法兰克福担任教授数年后,他前往柏林担任教授。劳厄反对纳粹主义,并于 1943 年退休。第二次世界大战结束后,他在德国组织研究工作并发挥了重要作用。劳厄于 1910 年结婚,有两个孩子。

获奖工作

　　当波通过屏幕上的狭缝时,会出现衍射图样。1912 年,劳厄想到,穿过晶体的 X 射线可能会产生类似的图样。也就是说,晶体的结构将与屏幕上狭缝相对应。实验证实了劳厄的想法,证明了 X 射线可以被描述为波。该实验方法也使得利用衍射图样来确定晶体结构成为可能。

1915 年诺贝尔物理学奖
——利用 X 射线对晶体结构的分析

威廉·亨利·布拉格爵士
1915 年诺贝尔物理学奖获得者

Sir William Henry
Bragg

生于：1862 年 7 月 2 日，英国威根
卒于：1942 年 3 月 12 日，英国伦敦
获奖时所在机构：英国伦敦大学学院
获奖理由："表彰他们在利用 X 射线分析晶体结构方面的贡献"
奖项份额：1/2

生平介绍

布拉格在英国剑桥完成学业后，于 1886 年移居澳大利亚，成为阿德莱德大学的教授。在那里，他结婚并育有三个孩子。他起初专注于教学工作，自 1897 年开始进行自己的研究。1909 年，他回到英国并在利兹大学工作。他与儿子威廉·劳伦斯·布拉格一起完成了一项获得诺贝尔奖的研究工作。此后，他先后在伦敦大学学院和英国皇家学会担任教授。

获奖工作

马克斯·冯·劳厄关于 X 射线穿过晶体时会产生衍射图样的发现，启发了布拉格父子在这一领域开展自己的研究。他们的贡献是确定了 X 射线的波长、入射角度和晶体内原子层间距这三者之间的关系，这为研究晶体结构提供了强大的工具。现在可以通过衍射图样的方法计算晶体结构中原子的位置。

威廉·劳伦斯·布拉格

1915 年诺贝尔物理学奖获得者

William Lawrence
Bragg

生于：1890 年 3 月 31 日，澳大利亚阿德莱德
卒于：1971 年 7 月 1 日，英国伊普斯威奇
获奖时所在机构：英国维多利亚大学（现为曼彻斯特大学）
获奖理由："表彰他们在利用 X 射线分析晶体结构方面的贡献"
奖项份额：1/2

生平介绍

　　威廉·劳伦斯·布拉格出生于澳大利亚的阿德莱德，他的父亲是一名教授。19 岁时，他随全家移居英国，到剑桥学习。他在 23 岁时完成了获得诺贝尔奖的工作，其中部分是他与父亲合作完成的。在做出这项开创性贡献之后，威廉·劳伦斯·布拉格成为他所在科学领域的核心人物。他曾在曼彻斯特和剑桥担任教授，并在伦敦的皇家学会任职。他于 1921 年结婚，有四个孩子。

获奖工作

　　马克斯·冯·劳厄关于 X 射线穿过晶体时会产生衍射图样的发现，启发了布拉格父子在这一领域开展自己的研究。他们的贡献是确定了 X 射线的波长、入射角度和晶体内原子层间距这三者之间的关系，这为研究晶体结构提供了强大的工具。现在可以通过衍射图样的方法计算晶体结构中原子的位置。

1918 年诺贝尔化学奖
——工业合成氨及由空气制造氨

弗里茨·哈伯
1918 年诺贝尔化学奖获得者

Fritz
Haber

生于:1868 年 12 月 9 日,普鲁士布雷斯劳(现属波兰)
卒于:1934 年 1 月 29 日,瑞士巴塞尔
获奖时所在机构:德国凯撒-威廉物理化学和电化学研究所(现弗里茨·哈伯研究所)
获奖理由:"表彰他利用氮和氢合成氨"
奖项份额:1/1

获奖工作

氮肥是最重要的植物肥料之一。空气成分中大部分是氮,但只有当氮作为化合物的一部分时植物才能利用它。大约在 1913 年,哈伯发明了一种用氮和氢合成氨的方法,该方法可以用来制造人造肥料。氮气和氢气在受控的温度、压力和流速下通过装置,经催化剂的作用,能以一种节能的方式生成氨。

1920 年诺贝尔物理学奖

——镍钢合金的反常特性

查尔斯·爱德华·纪尧姆
1920 年诺贝尔物理学奖获得者

Charles Edouard
Guillaume

生于：1861 年 2 月 15 日，瑞士弗勒里耶
卒于：1938 年 6 月 13 日，法国塞夫尔
获奖时所在机构：法国国际度量局
获奖理由："表彰他通过发现镍钢合金中的异常现象，为物理精密测量做出的贡献"
奖项份额：1/1

获奖工作

　　精确测量在科学中起着重要作用。为了提供精确测量的基础，用来定义长度的公制和德国法定米制为精确测量提供了基础。然而，不同的材料在温度变化时会发生不同程度的膨胀，这对精确测量形成了限制。1896 年，纪尧姆发现，一种镍钢合金的长度和体积几乎不受温度变化的影响。这种镍钢合金对科学仪器和白炽灯泡的发展有着重要意义。

1924年诺贝尔物理学奖
——X射线光谱学领域的研究和发现

卡尔·曼内·格奥尔·西格巴恩
1924年诺贝尔物理学奖获得者

Karl Manne Georg
Siegbahn

生于:1886年12月3日,瑞典厄勒布鲁
卒于:1978年9月26日,瑞典斯德哥尔摩
获奖时所在机构:瑞典乌普萨拉大学
获奖理由:"表彰他在X射线光谱学领域的发现和研究"
奖项份额:1/1

生平介绍

西格巴恩出生于厄勒布鲁,就读于隆德大学,后来成为隆德大学和乌普萨拉大学的教授。1937年,他担任斯德哥尔摩诺贝尔实验物理研究所所长。该研究所在瑞典的回旋加速器研究领域占据引领地位。西格巴恩还构建了一个广泛的国际研究人员网络。他的儿子凯·西格巴恩(Kai Siegbahn)继承了他的衣钵,并在1981年被授予诺贝尔物理学奖。

获奖工作

在X射线被发现数年后,查尔斯·巴克拉(Charles Barkla)证明,暴露在X射线下的化合物会发射出具有不同元素特征波长的二次X射线。在研究了一些元素之后,亨利·莫斯利(Henry Moseley)对元素周期表做了补充和修改。西格巴恩开创了提高X射线光谱绘制精度的仪器和方法。该仪器和方法在后来的原子和量子物理学的发展中被证明具有重要意义。

1931 年诺贝尔化学奖
——化学高压方法的发明和发展

卡尔·博世

1931 年诺贝尔化学奖获得者

Carl
Bosch

生于：1874 年 8 月 27 日，德国科隆
卒于：1940 年 4 月 26 日，德国海德堡
获奖时所在机构：德国海德堡大学；德国法本工业公司
获奖理由："表彰他们对化学高压方法的发明和发展做出的贡献"
奖项份额：1/2

获奖工作

弗里茨·哈伯发明的用氮和氢合成氨的方法可用于制造人造肥料，但有待实现工业化。氮气和氢气需要高压才能发生反应。1913 年左右，博世基于不同类型的耐压力和耐热钢发明了一种高效过程设备。此后，该设备也被用于其他化学工业过程。

弗里德里希·伯吉斯
1931 年诺贝尔化学奖获得者

Friedrich
Bergius

生于：1884 年 10 月 11 日,德国戈德施米登(现属波兰)
卒于：1949 年 3 月 30 日,阿根廷布宜诺斯艾利斯
获奖时所在机构：德国海德堡大学;德国法本工业公司
获奖理由："表彰他们对化学高压方法的发明和发展做出的贡献"
奖项份额：1/2

获奖工作

　　化石燃料(煤、石油和天然气)所含的能量可以通过燃烧转化为其他形式。固体煤主要由碳元素组成,而石油富含碳和氢元素。1913 年,伯吉斯发明了一种将固态煤转化为石油的方法。该方法需要在高压下将煤暴露在氢气中以形成碳氢化合物。该工艺主要用于生产汽车燃料。

1937 年诺贝尔物理学奖
——晶体中电子衍射的发现

克林顿·约瑟夫·戴维森
1937 年诺贝尔物理学奖获得者

Clinton Joseph
Davisson

生于：1881 年 10 月 22 日，美国伊利诺伊州布卢明顿
卒于：1958 年 2 月 1 日，美国弗吉尼亚州夏洛茨维尔
获奖时所在机构：美国贝尔电话实验室
获奖理由："表彰他们通过实验发现了晶体中的电子衍射现象"
奖项份额：1/2

获奖工作

　　19 世纪初，量子物理学从能量只以特定的量传递的理论演变而来。早期的发现表明，光既可以被看作波，也可以被看作粒子。后来又有人提出，物质如电子也可以被描述为波和粒子。1927 年，戴维森和汤姆森相互独立地证明了电子可以被描述为波。当电子束穿过镍晶体时，就会产生衍射图样。

乔治·佩吉特·汤姆森
1937 年诺贝尔物理学奖获得者

George Paget
Thomson

生于:1892 年 5 月 3 日,英国剑桥
卒于:1975 年 9 月 10 日,英国剑桥
获奖时所在机构:英国伦敦大学
获奖理由:"表彰他们通过实验发现了晶体中的电子衍射现象"
奖项份额:1/2

获奖工作

19 世纪初,量子物理学从能量只以特定的量传递的理论演变而来。早期的发现表明,光既可以被看作波,也可以被看作粒子。后来又有人提出,物质如电子也可以被描述为波和粒子。1927 年,汤姆森和戴维森相互独立地证明了电子可以被描述为波。当电子束穿过镍晶体时,就会产生衍射图样。

1951 年诺贝尔化学奖
——超铀元素的发现

埃德温·马蒂森·麦克米兰
1951 年诺贝尔化学奖获得者

Edwin Mattison
McMillan

生于:1907 年 9 月 18 日,美国加利福尼亚州雷东多海滩
卒于:1991 年 9 月 7 日,美国加利福尼亚州艾尔塞里托
获奖时所在机构:美国加州大学伯克利分校
获奖理由:"表彰他们在超铀元素化学方面的发现"
奖项份额:1/2

获奖工作

　　自然界中最重的元素是铀,其原子序数是 92。所有较重的元素都具有放射性,并且会迅速衰变。它们可以通过用粒子轰击原子核而产生。1940 年,麦克米兰使用粒子加速器以中子轰击铀,并证明了一种原子序数为 93 的元素已经被制备成功。它被命名为镎(Np)。麦克米兰还对其他重元素和同位素在元素周期表中的测绘做出了贡献。

格伦·西奥多·西博格
1951 年诺贝尔化学奖获得者

Glenn Theodore
Seaborg

生于:1912 年 4 月 19 日,美国密歇根州伊什珀明
卒于:1999 年 2 月 25 日,美国加州拉斐特
获奖时所在机构:美国加州大学伯克利分校
获奖理由:"表彰他们在超铀元素化学方面的发现"
奖项份额:1/2

获奖工作

自然界中最重的元素是铀,其原子序数是 92。所有较重的元素都具有放射性,并且会迅速衰变。它们可以通过用粒子轰击原子核而产生。在麦克米兰之后,西博格于 1940 年成功制备了一种原子序数为 94 的元素,并将其命名为钚(Pu)。这种新元素对核武器和核能都具有重要意义。西博格随后还发现了其他重元素及其同位素。

1954 年诺贝尔化学奖
——化学键性质的研究及对复杂物质结构的解释

莱纳斯·卡尔·鲍林
1954 年诺贝尔化学奖获得者

Linus Carl
Pauling

生于：1901 年 2 月 28 日，美国俄勒冈州波特兰
卒于：1994 年 8 月 19 日，美国加州大苏尔
获奖时所在机构：美国加州理工学院
获奖理由："表彰他对化学键的性质及其在解释复杂物质结构中的应用的研究"
奖项份额：1/1

生平介绍

　　鲍林出生于美国波特兰。他的家族来自普鲁士农民的一支，他的父亲是一名药品推销员。在俄勒冈州立大学学习后，鲍林在加州理工学院获得了博士学位，并在此后的职业生涯中一直与该学院保持着联系。20 世纪 50 年代，鲍林因参与反核运动而被贴上共产主义嫌疑人的标签，这导致他的护照被吊销。他和妻子育有四个孩子。

获奖工作

　　20 世纪 20 年代，量子力学的发展不仅对物理学领域产生了巨大影响，而且对化学领域也产生了极大的推动作用。20 世纪 30 年代，鲍林是利用量子力学来理解和描述化学键的先驱之一（化学键是指原子结合在一起形成分子的方式）。鲍林在化学领域的研究范围很广。例如，他研究了生物学上重要的化合物的结构。1951 年，他发现了 α-螺旋的结构，它是许多蛋白质的重要的基本组成部分。

1956 年诺贝尔物理学奖
——晶体管效应

威廉·布拉德福德·肖克利
1956 年诺贝尔物理学奖获得者

William Bradford
Shockley

生于:1910 年 2 月 13 日,英国伦敦
卒于:1989 年 8 月 12 日,美国加州帕洛阿尔托
获奖时所在机构:美国贝克曼仪器公司半导体实验室
获奖理由:"表彰他们对半导体的研究和对晶体管效应的发现"
奖项份额:1/3

获奖工作

放大电信号对电话和无线电具有决定性作用。一开始,电子管用于放大电信号。然而,为了开发更小、更有效的放大器,人们希望可以使用半导体——一种性能介于导体和绝缘体之间的材料作为原料。量子力学使人们对这些材料的性质有了新的认识。1947 年,巴丁和布拉顿制造了一个半导体放大器,之后,肖克利对其进行了改进。该元件被命名为"晶体管"。

约翰·巴丁

1956 年诺贝尔物理学奖获得者

John
Bardeen

生于:1908 年 5 月 23 日,美国威斯康星州麦迪逊
卒于:1991 年 1 月 30 日,美国马萨诸塞州波士顿
获奖时所在机构:美国伊利诺伊大学
获奖理由:"表彰他们对半导体的研究和对晶体管效应的发现"
奖项份额:1/3

获奖工作

　　放大电信号对电话和无线电具有决定性作用。一开始,电子管用于放大电信号。然而,为了开发更小、更有效的放大器,人们希望可以使用半导体——一种性能介于导体和绝缘体之间的材料作为原料。量子力学使人们对这些材料的性质有了新的认识。1947 年,巴丁和布拉顿制造了一个半导体放大器,之后,肖克利对其进行了改进。该元件被命名为"晶体管"。

沃尔特·豪瑟·布拉顿
1956 年诺贝尔物理学奖获得者

Walter Houser
Brattain

生于:1902 年 2 月 10 日,中国厦门
卒于:1987 年 10 月 13 日,美国华盛顿州西雅图
获奖时所在机构:美国贝尔电话实验室
获奖理由:"表彰他们对半导体的研究和对晶体管效应的发现"
奖项份额:1/3

获奖工作

　　放大电信号对电话和无线电具有决定性作用。一开始,电子管用于放大电信号。然而,为了开发更小、更有效的放大器,人们希望可以使用半导体——一种性能介于导体和绝缘体之间的材料作为原料。量子力学使人们对这些材料的性质有了新的认识。1947 年,巴丁和布拉顿制造了一个半导体放大器,之后,肖克利对其进行了改进。该元件被命名为"晶体管"。

1961 年诺贝尔物理学奖

——原子核中的电子散射及穆斯堡尔效应研究

罗伯特·霍夫施塔特

1961 年诺贝尔物理学奖获得者

Robert

Hofstadter

生于：1915 年 2 月 5 日，美国纽约

卒于：1990 年 11 月 17 日，美国加州斯坦福

获奖时所在机构：美国斯坦福大学

获奖理由："表彰他对原子核中电子散射的开创性研究，以及由此取得的关于核子结构的发现"

奖项份额：1/2

获奖工作

　　物质是由带有小原子核的原子组成的，原子核被电了包围着。霍夫施塔特发明了研究原子核内部结构的仪器。他将加速器发出的高能电子束射向原子核，通过检查电子的散射研究电荷的分布。他还研究了原子核内质子和中子的磁矩分布。原子核由此被证明不是均匀的，而是有内部结构的。

鲁道夫·路德维希·穆斯堡尔
1961 年诺贝尔物理学奖获得者

Rudolf Ludwig
Mössbauer

生于：1929 年 1 月 31 日，德国慕尼黑
卒于：2011 年 9 月 14 日
获奖时所在机构：德国慕尼黑工业大学；美国加州理工学院
获奖理由："表彰他对 γ 辐射共振吸收的研究以及他在穆斯堡尔效应方面的发现"
奖项份额：1/2

获奖工作

根据量子物理的原理，原子核及其周围的电子只能具有固定的能级。当原子核的能级之间发生跃迁时，被称为 γ 射线的高能光子就会被发射和吸收。在气体中，当原子发射光子时，就会产生反冲效应。1958 年，穆斯堡尔发现，如果将原子嵌入晶体结构中，则可以消除反冲效应。这为研究原子核的能级以及这些能级如何受到周围环境和各种现象的影响创造了机会。

1962 年诺贝尔物理学奖
——凝聚态物质的开创性理论

列夫·达维多维奇·朗道
1962 年诺贝尔物理学奖获得者

Lev Davidovich
Landau

生于：1908 年 1 月 22 日，俄国巴库
卒于：1968 年 4 月 1 日，苏联莫斯科
获奖时所在机构：苏联科学院
获奖理由："表彰他关于凝聚态物质特别是液氦的开创性理论
研究"
奖项份额：1/1

获奖工作

　　某些物质冷却到极低的温度时，其性质会发生根本性变化。在高于绝对零度几度的温度条件下，氦变成超流体，液体流动时没有摩擦。朗道在理论物理学领域的众多贡献之一出现在 1941 年，当时他将量子理论应用于超流体液氦的运动。除此之外，他还引入了准粒子的概念，将其作为声音振动和漩涡的等效物。这使他得以发展超流理论。

1963 年诺贝尔化学奖
——高分子化学和技术领域的发现

卡尔·齐格勒
1963 年诺贝尔化学奖获得者

Karl
Ziegler

生于：1898 年 11 月 26 日，德国赫尔萨
卒于：1973 年 8 月 12 日，德国米尔海姆
获奖时所在机构：德国马克斯-普朗克煤炭研究所
获奖理由："表彰他们在高分子化学和技术领域的发现"
奖项份额：1/2

获奖工作

　　像塑料这样的合成材料在当今世界很常见。塑料由大分子组成，大分子由小分子长链组成。1953 年，齐格勒发明了一种制造分子链的方法：利用铝化合物作为催化剂，在不影响最终产物的情况下加快反应速度。铝的电子是分组聚集的，所以活性分子被吸引到它们身上，夹在分子链和铝原子之间，从而逐步加长链条。

朱里奥·纳塔
1963 年诺贝尔化学奖获得者

Giulio
Natta

生于：1903 年 2 月 26 日，意大利因皮利亚
卒于：1979 年 5 月 2 日，意大利贝加莫
获奖时所在机构：意大利米兰理工学院
获奖理由："表彰他们在高分子化学和技术领域的发现"
奖项份额：1/2

获奖工作

像塑料这样的合成材料在当今世界很常见。塑料由大分子组成，大分子由小分子长链组成。齐格勒发明了一种利用催化剂（加速化学过程而不影响最终产物的物质）制造分子链的方法后，纳塔进一步发展了这种方法。1955 年，纳塔发现了一种可以形成分子链的催化剂，而且这种分子链的各个部分都朝着特定的方向，这使得生产橡胶和类似纺织品的材料成为可能。

1965 年诺贝尔化学奖

——现代有机合成

罗伯特·伯恩斯·伍德沃德
1965 年诺贝尔化学奖获得者

Robert Burns
Woodward

生于：1917 年 4 月 10 日，美国马萨诸塞州波士顿
卒于：1979 年 7 月 8 日，美国马萨诸塞州剑桥
获奖时所在机构：美国哈佛大学
获奖理由："表彰他在有机合成方面的杰出成就"
奖项份额：1/1

获奖工作

　　自然界充满了有机物质——大量高度多样化的含有基本元素碳的化合物。使用化学方法构建或合成有机物质在科学和工业领域都很重要。合成有机物质通常需要复杂的、多步骤的过程。伍德沃德掌握了这些过程，并在 20 世纪 50 年代和 60 年代成功合成了大量有机物质，如奎宁、胆固醇、可的松、叶绿素以及几种抗生素，其中叶绿素能使叶子呈现绿色。

1970 年诺贝尔物理学奖

——磁流体动力学以及反铁磁性与铁磁性的基础研究和发现

汉尼斯·奥洛夫·哥斯达·阿尔文
1970 年诺贝尔物理学奖获得者

Hannes Olof Gösta
Alfvén

生于：1908 年 5 月 30 日，瑞典诺尔雪平
卒于：1995 年 4 月 2 日，瑞典于什霍尔姆
获奖时所在机构：瑞典皇家理工学院
获奖理由："表彰他在磁流体动力学方面的基础研究和发现，以及在等离子体物理学不同领域中富有成效的应用"
奖项份额：1/2

获奖工作

　　北极光现象发生在来自太阳的带电粒子爆发并与地球磁场碰撞之时。这些粒子射流是一种特殊物质状态——等离子体的一个例子。等离子体在高温下形成，是一种由电子和离子（带电原子）组成的气体。从 20 世纪 30 年代后期开始，阿尔文提出了一种关于北极光的理论，引出了磁流体力学，同时也发展了等离子体运动、电流、电场和磁场之间关系的理论。

路易·欧仁·费利克斯·奈尔
1970 年诺贝尔物理学奖获得者

Louis Eugène Félix Néel

生于：1904 年 11 月 22 日，法国里昂
卒于：2000 年 11 月 17 日，法国布里夫-科雷兹
获奖时所在机构：法国格勒诺布尔大学
获奖理由："表彰他在磁性与铁磁性方面的基础研究和发现，以及这些研究和发现在固体物理学领域中的重要应用"
奖项份额：1/2

获奖工作

　　磁有不同的形式，有些源于不同材料的原子磁矩。在铁磁材料中，磁矩指向相同的方向。1932 年，奈尔描述了反铁磁现象，即材料中附近的磁矩指向相反的方向。1947 年，他还描述了铁磁现象，即磁矩排列方向相反，但大小不同。这些发现成为计算机存储器和其他应用发展的重要基础。

1972 年诺贝尔物理学奖
——低温超导理论

约翰·巴丁

1972 年诺贝尔物理学奖获得者

John
Bardeen

生于：1908 年 5 月 23 日，美国威斯康星州麦迪逊
卒于：1991 年 1 月 30 日，美国马萨诸塞州波士顿
获奖时所在机构：美国伊利诺伊大学
获奖理由："表彰他们共同提出了超导理论"
奖项份额：1/3

获奖工作

　　某些金属冷却到极低的温度时，会变成超导体，可以完全无电阻地传导电流。1957 年，巴丁、库珀和施里弗基干量子力学，针对这种现象提出了一个理论。在极低的温度下，金属晶体结构中电子和原子之间的相互作用导致电子相互配对。结果显示，与常温下的电子随机运动不同，它们有序运动且电阻消失。

莱昂·尼尔·库珀

1972 年诺贝尔物理学奖获得者

Leon Neil
Cooper

生于：1930 年 2 月 28 日，美国纽约

获奖时所在机构：美国布朗大学

获奖理由："表彰他们共同提出了超导理论"

奖项份额：1/3

获奖工作

某些金属冷却到极低的温度时，会变成超导体，可以完全无电阻地传导电流。1957 年，库珀、巴丁和施里弗基于量子力学，针对这种现象提出了一个理论。在极低的温度下，金属晶体结构中电子和原子之间的相互作用导致电子相互配对。结果显示，与常温下的电子随机运动不同，它们有序运动且电阻消失。

约翰·罗伯特·施里弗

1972 年诺贝尔物理学奖获得者

John Robert
Schrieffer

生于：1931 年 5 月 31 日，美国伊利诺伊州奥克帕克

卒于：2019 年 7 月 27 日，美国佛罗里达州塔拉哈西

获奖时所在机构：美国宾夕法尼亚大学

获奖理由："表彰他们共同提出了超导理论"

奖项份额：1/3

获奖工作

某些金属冷却到极低的温度时，会变成超导体，可以完全无电阻地传导电流。1957 年，施里弗、库珀和巴丁基于量子力学，针对这种现象提出了一个理论。在极低的温度下，金属晶体结构中电子和原子之间的相互作用导致电子相互配对。结果显示，与常温下的电子随机运动不同，它们有序运动且电阻消失。

1973 年诺贝尔物理学奖
——半导体和超导体的隧道效应

江崎玲于奈

1973 年诺贝尔物理学奖获得者

Leo

Esaki

生于：1925 年 3 月 12 日，日本大阪

获奖时所在机构：美国 IBM 托马斯·沃森研究中心

获奖理由："表彰他们对半导体和超导体中的隧道现象的发现"

奖项份额：1/4

获奖工作

在量子物理学中，物质被描述为波和粒子。这方面的成果之一是隧道现象，这意味着粒子可以通过障碍物，而根据经典物理学，它们不能通过。1958 年，通过一个看似简单的实验，江崎玲于奈展示了半导体材料（介于电导体和绝缘体之间）中一种以前未知的隧道现象。这一发现在隧道二极管的半导体中得到了应用。它也引出了后人对半导体的进一步研究。

伊瓦尔·贾埃弗

1973 年诺贝尔物理学奖获得者

Ivar
Giaever

生于: 1929 年 4 月 5 日,挪威卑尔根
获奖时所在机构: 美国通用电气公司
获奖理由: "表彰他们对半导体和超导体中的隧道现象的发现"
奖项份额: 1/4

获奖工作

在量子物理学中,物质被描述为波和粒子。这方面的成果之一是隧道现象,这意味着粒子可以通过障碍物,而根据经典物理学,它们不能通过。1960 年,贾埃弗在正常或超导条件下通过放置在金属之间的薄层氧化物证明了隧道效应。超导意味着某些材料在低温条件下完全没有电阻。贾埃弗的发现以多种方式促进了人们对这一现象的认识。

布莱恩·大卫·约瑟夫森

1973 年诺贝尔物理学奖获得者

Brian David
Josephson

生于: 1940 年 1 月 4 日,英国加的夫
获奖时所在机构: 英国剑桥大学
获奖理由: "表彰他对穿过隧道屏障的超导电流性质的理论预测,特别是对约瑟夫森现象的研究"
奖项份额: 1/2

获奖工作

在量子物理学中,物质被描述为波和粒子。这方面的成果之一是隧道现象,这意味着粒子可以通过障碍物,而根据经典物理学,它们不能通过。1962 年,约瑟夫森用超导体预测了意想不到的结果:在没有叠加电压的情况下,两个被薄绝缘体隔开的超导体之间可以产生电流。此外,如果施加整流电压,就会产生交流电。

1973 年诺贝尔化学奖

——金属有机化合物(夹心化合物)的化学性质

恩斯特·奥托·费歇尔
1973 年诺贝尔化学奖获得者

Ernst Otto
Fischer

生于:1918 年 11 月 10 日,德国慕尼黑
卒于:2007 年 7 月 23 日,德国慕尼黑
获奖时所在机构:德国慕尼黑工业大学
获奖理由:"表彰他们在金属有机化合物(即夹心化合物)化学性质方面独立进行的开创性工作"
奖项份额:1/2

获奖工作

我们周围的世界是由原子组成的,这些原子又组成分子。自然界中存在大量分子,同时也可以在实验室中合成自然界中没有的分子。1952 年,费歇尔和威尔金森各自独立工作,分别发现了一种由含碳化合物和金属原子组成的新型化合物——夹心化合物。其中,两个环形的含碳化合物将一个金属原子夹在中间,形如三明治。在自然界中不存在这样的夹心结构。

杰弗里·威尔金森
1973 年诺贝尔化学奖获得者

Geoffrey
Wilkinson

生于:1921 年 7 月 14 日,英国托德莫登
卒于:1996 年 9 月 26 日,英国伦敦
获奖时所在机构:英国帝国理工学院
获奖理由:"表彰他们在金属有机化合物(即夹心化合物)化学性质方面独立进行的开创性工作"
奖项份额:1/2

获奖工作

我们周围的世界是由原子组成的,这些原子又组成分子。自然界中存在大量分子,同时也可以在实验室中合成自然界中没有的分子。1952 年,费歇尔和威尔金森各自独立工作,分别发现了一种由含碳化合物和金属原子组成的新型化合物——夹心化合物。其中,两个环形的含碳化合物将一个金属原子夹在中间,形如三明治。在自然界中不存在这样的夹心结构。

1977 年诺贝尔物理学奖

——磁性和无序体系电子结构的基础理论研究

菲利普·沃伦·安德森
1977 年诺贝尔物理学奖获得者

Philip Warren
Anderson

生于：1923 年 12 月 13 日，美国印第安纳州印第安纳波利斯
卒于：2020 年 3 月 29 日，美国新泽西州普林斯顿
获奖时所在机构：美国贝尔电话实验室
获奖理由："表彰他们对磁性和无序体系电子结构的基础理论研究"
奖项份额：1/3

获奖工作

固体材料通常具有规则的晶体结构和组成，但它们有时也会构成无序的系统。这些材料可能是具有规则结构但成分较为随机的合金。玻璃等固体材料缺乏规则的结构。1958 年，安德森展示了电子在无序系统中自由移动以及或多或少地被束缚在特定位置的条件。这项工作和其他工作有助于加深人们对无序系统中电现象的理解。

内维尔·弗朗西斯·莫特爵士

1977 年诺贝尔物理学奖获得者

Sir Nevill Francis
Mott

生于：1905 年 9 月 30 日，英国利兹

卒于：1996 年 8 月 8 日，英国米尔顿凯恩斯

获奖时所在机构：英国剑桥大学

获奖理由："表彰他们对磁性和无序体系电子结构的基础理论研究"

奖项份额：1/3

获奖工作

不同材料的电学和磁学性质在电子学及其他领域都很重要，材料的这些性质取决于电子相对于原子核和相互之间的运动方式。通过观察电子之间的相互作用，莫特在 1949 年解释了某些晶体是如何在电导体和绝缘体之间变换的。他还为新概念的发展做出了贡献，使人们更深入地理解那些构成无序系统的没有规则晶体结构的固体材料。

约翰·哈斯布鲁克·冯·弗莱克

1977 年诺贝尔物理学奖获得者

John Hasbrouck
van Vleck

生于：1899 年 3 月 13 日，美国康涅狄格州米德尔敦
卒于：1980 年 10 月 27 日，美国马萨诸塞州剑桥
获奖时所在机构：哈佛大学
获奖理由："表彰他们对磁性和无序体系电子结构的基础理论研究"
奖项份额：1/3

获奖工作

不同材料的电学和磁学性质取决于电子相对于原子核的运动方式。当外来物质的原子插入晶体结构时，晶体的性质会发生改变。20 世纪 30 年代，冯·弗莱克发展了关于晶体中的电场如何影响外来原子以及这种原子如何通过其电子与附近原子结合的理论。他还展示了电子运动之间的相互作用如何在晶体中产生局部磁矩。

1982 年诺贝尔物理学奖
——与相变有关的临界现象

肯尼斯·格迪斯·威尔逊
1982 年诺贝尔物理学奖获得者

Kenneth Geddes
Wilson

生于:1936 年 6 月 8 日,美国马萨诸塞州沃尔瑟姆
卒于:2013 年 6 月 15 日,美国缅因州萨科
获奖时所在机构:美国康奈尔大学
获奖理由:"表彰他关于相变的临界现象的理论研究"
奖项份额:1/1

获奖工作

　　具有均匀物理和化学性质的物质状态被认为处于某一相,例如固相、液相和气相。在处理磁性时,也有其他相的存在。从理论上理解相变的临界点需要一个广泛的尺度。早期有学者试图一步到位地解释这一现象,导致了结果的无限性。1971 年,威尔逊通过一种重正化的方式逐步解决了这个问题。

1985 年诺贝尔物理学奖
——量子霍尔效应

克劳斯·冯·克利青
1985 年诺贝尔物理学奖获得者

Klaus
von Klitzing

生于:1943 年 6 月 28 日,德国施罗德(现属波兰)
获奖时所在机构:德国马克斯-普朗克固态研究所
获奖理由:"表彰他发现了量子霍尔效应"
奖项份额:1/1

获奖工作

  当电流纵向流过金属带,并且垂直于金属带的表面施加磁场时,金属带中会沿对角线产生电荷。这种现象被称为霍尔效应,电子的运动因磁场而发生偏转。1980 年,冯·克利青在一种非常干净的材料中的金属和半导体之间的界面上发现了量子霍尔效应:磁场的变化导致霍尔电导的变化,其变化幅度为某一常数的整数倍。

1986 年诺贝尔物理学奖

——电子光学的基础研究以及第一台电子显微镜和扫描隧道显微镜的设计

恩斯特·鲁斯卡
1986 年诺贝尔物理学奖获得者

Ernst

Ruska

生于:1906 年 12 月 25 日,德国海德堡
卒于:1988 年 5 月 27 日,德国柏林
获奖时所在机构:德国弗里茨·哈伯研究所
获奖理由:"表彰他在电子光学方面的基础工作和第一台电子显微镜的设计"
奖项份额:1/2

获奖工作

可以在光学显微镜下对很小的物体进行研究,但当物体变得像光的波长那么小时,就无法使用光学显微镜观察了。电子束的波长比可见光的波长短得多,它为此提供了一种新的思路。鲁斯卡发现磁线圈可以被用作电子束的透镜,并于 1933 年研制出第一台电子显微镜。它将电子束指向物体,并在屏幕上捕捉极小物体的图像。

格尔德·宾宁

1986 年诺贝尔物理学奖获得者

Gerd
Binnig

生于：1947 年 7 月 20 日，德国法兰克福
获奖时所在机构：瑞士 IBM 苏黎世研究实验室
获奖理由："表彰他们设计了扫描隧道显微镜"
奖项份额：1/4

获奖工作

在光学显微镜下可以观察到的物体的大小受到光波长的限制。1981 年，宾宁和罗雷尔研制出扫描隧道显微镜，突破了这一限制。该仪器可以利用探针探测样品表面，针尖与样品表面之间因产生隧道效应而有电子逸出，形成电流，该电流随针尖与表面的距离而变化。电流被记录下来并成像，在该图像中可以区分小到单个原子的物体。

海因里希·罗雷尔

1986 年诺贝尔物理学奖获得者

Heinrich
Rohrer

生于：1933 年 6 月 6 日，瑞士布赫斯
卒于：2013 年 5 月 16 日，瑞士沃勒劳
获奖时所在机构：瑞士 IBM 苏黎世研究实验室
获奖理由："表彰他们设计了扫描隧道显微镜"
奖项份额：1/4

获奖工作

在光学显微镜下可以观察到的物体的大小受到光波长的限制。1981 年，罗雷尔和宾宁研制出扫描隧道显微镜，突破了这一限制。该仪器可以利用探针探测样品表面，针尖与样品表面之间因产生隧道效应而有电子逸出，形成电流，该电流随针尖与表面的距离而变化。电流被记录下来并成像，在该图像中可以区分小到单个原子的物体。

1987 年诺贝尔物理学奖
——陶瓷材料的超导性(高温超导)

约翰内斯·格奥尔格·贝德诺尔茨
1987 年诺贝尔物理学奖获得者

Johannes Georg
Bednorz

生于:1950 年 5 月 16 日,德国诺伊恩基兴
获奖时所在机构:瑞士 IBM 苏黎世研究实验室
获奖理由:"表彰他们在发现陶瓷材料的超导性方面取得了重要突破"
奖项份额:1/2

获奖工作

某些金属冷却到极低的温度时,会变成超导体,可以完全无电阻地传导电流。然而,发生这种现象需要非常低的温度,仅比绝对零度高几度。1986 年,贝德诺尔茨和米勒发现一种镧钡铜氧化物在比之前测试的超导材料高得多的临界温度下实现了超导。这引发了学术界对类似材料的广泛研究。

卡尔·亚历山大·米勒
1987 年诺贝尔物理学奖获得者

Karl Alexander
Müller

生于：1927 年 4 月 20 日，瑞士巴塞尔

卒于：2023 年 1 月 9 日，瑞士苏黎世

获奖时所在机构：瑞士 IBM 苏黎世研究实验室

获奖理由："表彰他们在发现陶瓷材料中的超导性方面取得了重要突破"

奖项份额：1/2

获奖工作

　　某些金属冷却到极低的温度时，会变成超导体，可以完全无电阻地传导电流。然而，发生这种现象需要非常低的温度，仅比绝对零度高几度。1986 年，米勒和贝德诺尔茨发现一种镧钡铜氧化物在比之前测试的超导材料高得多的临界温度下实现了超导。这引发了学术界对类似材料的广泛研究。

1991 年诺贝尔物理学奖
——将简单系统中有序现象的方法推广到更复杂的物理态,特别是液晶和聚合物

皮埃尔-吉勒·德热纳
1991 年诺贝尔物理学奖获得者

Pierre-Gilles
de Gennes

生于:1932 年 10 月 24 日,法国巴黎
卒于:2007 年 5 月 18 日,法国奥赛
获奖时所在机构:法国法兰西公学院
获奖理由:"表彰他发现为研究简单系统中的有序现象而开发的方法可以推广到更复杂的物质形式,特别是液晶和聚合物"
奖项份额:1/1

获奖工作

具有均匀的物理和化学性质的物质状态被认为处于某一相,例如固相、液相和气相。磁性和分子的取向也会产生不同的相。不同的相具有不同形式的有序和无序的特征。20 世纪 70 年代,德热纳展示了从有序到无序系统的转变,特别是溶液中的液晶和聚合物。他证明了该结果适用于许多不同类型的相变。

1996 年诺贝尔化学奖
——富勒烯的发现

罗伯特·弗洛伊德·柯尔
1996 年诺贝尔化学奖获得者

Robert Floyd
Curl Jr.

生于:1933 年 8 月 23 日,美国得克萨斯州爱丽丝
卒于:2022 年 7 月 3 日,美国得克萨斯州休斯敦
获奖时所在机构:美国莱斯大学
获奖理由:"表彰他们发现了富勒烯"
奖项份额:1/3

获奖工作

　　碳是一种可以呈现多种形态的元素,例如自然界中的石墨和钻石均为碳单质。1985 年,柯尔、斯莫利和克罗托用激光脉冲照射石墨表面,从而生成了碳气体。当碳气体冷凝时,形成了前所未知的具有 60 个和 70 个碳原子的结构。最常见的结构是 60 个碳原子以若干个五元环和六元环排列在球体上。这样的结构被称为富勒烯,以纪念建筑师理查德·巴克敏斯特·富勒(Richard Buckminster Fuller),因为这种几何形状是他设计的。

哈罗德·沃尔特·克罗托爵士
1996 年诺贝尔化学奖获得者

Sir Harold Walter
Kroto

生于：1939 年 10 月 7 日，英国剑桥郡威斯贝奇
卒于：2016 年 4 月 30 日，英国东萨塞克斯郡刘易斯
获奖时所在机构：英国萨塞克斯大学
获奖理由："表彰他们发现了富勒烯"
奖项份额：1/3

获奖工作

　　碳是一种可以呈现多种形态的元素，例如自然界中的石墨和钻石均为碳单质。1985 年，克罗托、柯尔和斯莫利用激光脉冲照射石墨表面，从而生成了碳气体。当碳气体冷凝时，形成了前所未知的具有 60 个和 70 个碳原子的结构。最常见的结构是 60 个碳原子以若干个五元环和六元环排列在球体上。这样的结构被称为富勒烯，以纪念建筑师理查德·巴克敏斯特·富勒，因为这种几何形状是他设计的。

理查德·埃里特·斯莫利

1996 年诺贝尔化学奖获得者

Richard Errett
Smalley

生于:1943 年 6 月 6 日,美国俄亥俄州阿克伦
卒于:2005 年 10 月 28 日,美国得克萨斯州休斯敦
获奖时所在机构:美国莱斯大学
获奖理由:"表彰他们发现了富勒烯"
奖项份额:1/3

获奖工作

碳是一种可以呈现多种形态的元素,例如自然界中的石墨和钻石均为碳单质。1985 年,斯莫利、柯尔和克罗托用激光脉冲照射石墨表面,从而生成了碳气体。当碳气体冷凝时,形成了前所未知的具有 60 个和 70 个碳原子的结构。最常见的结构是 60 个碳原子以若干个五元环和六元环排列在球体上。这样的结构被称为富勒烯,以纪念建筑师理查德·巴克敏斯特·富勒,因为这种几何形状是他设计的。

2000 年诺贝尔化学奖
——导电聚合物的发现(聚乙炔在 1000 摄氏度时导电)

艾伦·杰伊·黑格
2000 年诺贝尔化学奖获得者

Alan Jay
Heeger

生于:1936 年 1 月 22 日,美国艾奥瓦州苏城
获奖时所在机构:美国加州大学圣巴巴拉分校
获奖理由:"表彰他们对导电聚合物的发现和探索"
奖项份额:1/3

获奖工作

塑料材料由聚合物组成,这些聚合物是大分子且以小分子长链的形式存在。塑料通常不导电,但在 20 世纪 70 年代末,黑格、麦克迪尔米德和白川英树证明了制造导电聚合物的可能性。这需要链中碳原子之间单键和双键交替,并且需要通过添加合适的原子来掺杂聚合物,从而出现自由电子或空穴。导电聚合物可应用于电子领域等。

艾伦·格雷厄姆·麦克迪尔米德

2000 年诺贝尔化学奖获得者

Alan Graham
MacDiarmid

生于：1927 年 4 月 14 日，新西兰马斯特顿
卒于：2007 年 2 月 7 日，美国宾夕法尼亚州德雷克塞尔山
获奖时所在机构：美国宾夕法尼亚大学
获奖理由："表彰他们对导电聚合物的发现和探索"
奖项份额：1/3

获奖工作

塑料材料由聚合物组成，这些聚合物是大分子且以小分子长链的形式存在。塑料通常不导电，但在 20 世纪 70 年代末，麦克迪尔米德、黑格和白川英树证明了制造导电聚合物的可能性。这需要链中碳原子之间单键和双键交替，并且需要通过添加合适的原子来掺杂聚合物，从而出现自由电子或空穴。导电聚合物可应用于电子领域等。

白川英树

2000 年诺贝尔化学奖获得者

Hideki
Shirakawa

生于：1936 年 8 月 20 日，日本东京
获奖时所在机构：日本筑波大学
获奖理由："表彰他们对导电聚合物的发现和探索"
奖项份额：1/3

获奖工作

塑料材料由聚合物组成，这些聚合物是大分子且以小分子长链的形式存在。塑料通常不导电，但在 20 世纪 70 年代末，白川英树、黑格和麦克迪尔米德证明了制造导电聚合物的可能性。这需要链中碳原子之间单键和双键交替，并且需要通过添加合适的原子来掺杂聚合物，从而出现自由电子或空穴。导电聚合物可应用于电子领域等。

2000 年诺贝尔物理学奖

——高速光电领域的半导体异质结构的研发和集成电路的发明

若列斯·伊万诺维奇·阿尔费罗夫
2000 年诺贝尔物理学奖获得者

Zhores Ivanovich
Alferov

生于：1930 年 3 月 15 日，苏联维捷布斯克（现属白俄罗斯）
卒于：2019 年 3 月 1 日，俄罗斯圣彼得堡
获奖时所在机构：俄罗斯约费物理技术研究所
获奖理由："表彰他们研发用于高速电子学和光电子学的半导体异质结构"
奖项份额：1/4

获奖工作

半导体是一种导电性能介于导体和绝缘体之间的材料，是大多数电子元件的基础。一些元件采用异质结构，其中半导体材料位于薄片中。1963 年，阿尔费罗夫和克勒默同时但相互独立地构建了一种异质结构，这种结构可以起到激光器的作用。从那以后，半导体激光器对于光纤中的信号传输以及数据存储和读取变得非常重要。

赫伯特·克勒默

2000 年诺贝尔物理学奖获得者

Herbert
Kroemer

生于：1928 年 8 月 25 日，德国魏玛
获奖时所在机构：美国加州大学圣巴巴拉分校
获奖理由："表彰他们研发用于高速电子学和光电子学的半导体异质结构"
奖项份额：1/4

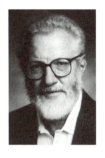

获奖工作

半导体是一种导电性能介于电导体和绝缘体之间的材料，是大多数电子元件的基础。一些元件采用异质结构，其中半导体材料位于薄片中。1957 年，克勒默提出了一种基于异质结构构建晶体管的方案，并于 1963 年与阿尔费罗夫同时但相互独立地构建了一种充当激光器的异质结构。此后，这些元件成为通信领域的重要组成部分。

杰克·基尔比

2000 年诺贝尔物理学奖获得者

Jack
Kilby

生于：1923 年 11 月 8 日，美国密苏里州杰斐逊城
卒于：2005 年 6 月 20 日，美国得克萨斯州达拉斯
获奖时所在机构：美国德州仪器
获奖理由："表彰他在集成电路发明中做出的贡献"
奖项份额：1/2

获奖工作

小型电子元件晶体管为放大和控制电信号创造了新的机遇。新材料的应用使晶体管的体积逐渐变小。1959 年，基尔比和罗伯特·诺伊斯（Robert Noyce）相互独立地证明了许多晶体管、电阻器和电容器可以组合在一块半导体材料板上。从此，集成电路（或微芯片）成为计算机和其他电子设备的重要组成部分。

2003 年诺贝尔物理学奖
——超导体和超流体理论

**阿列克谢·阿列克谢维奇·阿布里
科索夫**

Alexei Alexeyevich
Abrikosov

2003 年诺贝尔物理学奖获得者

生于:1928 年 6 月 25 日,苏联莫斯科(现属俄罗斯)
卒于:2017 年 3 月 29 日
获奖时所在机构:美国阿贡国家实验室
获奖理由:"表彰他们对超导体和超流体理论的开创性贡献"
奖项份额:1/3

获奖工作

　　某些物质冷却到极低的温度时,会变成超导体,可以完全无电阻地传导电流。对于一种类型的超导性,磁场被迫远离导体(即第一类超导体);但对于另一种类型的超导性,磁场被允许进入导体(即第二类超导体)。不同类型的超导性不能用相同的理论来描述。20 世纪 50 年代末,阿布里科索夫提出了第二类超导体的理论。他引入了一个数学函数以描述涡旋,外部磁场可以借涡旋进入导体。

维塔利·拉扎列维奇·金茨堡
2003 年诺贝尔物理学奖获得者

Vitaly Lazarevich
Ginzburg

生于：1916 年 10 月 4 日，俄国莫斯科（现属俄罗斯）
卒于：2009 年 11 月 8 日
获奖时所在机构：俄罗斯科学院列别捷夫物理研究所
获奖理由："表彰他们对超导体和超流体理论的开创性贡献"
奖项份额：1/3

获奖工作

　　某些物质冷却到极低的温度时，会变成超导体，可以完全无电阻地传导电流。对于一种类型的超导性，磁场被迫远离导体；但对于另一种类型的超导性，磁场被允许进入导体。1950 年，金茨堡和列夫·朗道提出了一个理论，该理论结合数学函数阐明了超导性和磁性之间的相互作用。该理论是针对第一类超导体的，但为第二类超导体提供了理论基础。

安东尼·詹姆斯·莱格特
2003 年诺贝尔物理学奖获得者

Anthony James
Leggett

生于：1938 年 3 月 26 日，英国伦敦
获奖时所在机构：美国伊利诺伊大学
获奖理由："表彰他们对超导体和超流体理论的开创性贡献"
奖项份额：1/3

获奖工作

　　某些物质冷却到极低的温度时，会变成超导体，可以完全无电阻地传导电流。这适用于最常见的氦气形式 ^{4}He，但长期以来，^{3}He 的超流动性存在争议。不同类型的氦由不同的量子力学规则和方程描述，其中 ^{4}He 具有整数自旋，而 ^{3}He 具有半数自旋。莱格特提出了一个理论来解释 ^{3}He 超流体现象。

2010 年诺贝尔物理学奖
——石墨烯材料

安德烈·海姆
2010 年诺贝尔物理学奖获得者

Andre
Geim

生于：1958 年 10 月 21 日，苏联索契（现属俄罗斯）
获奖时所在机构：英国曼彻斯特大学
获奖理由："表彰他们关于二维材料石墨烯的开创性实验"
奖项份额：1/2

生平介绍

海姆出生于索契的一个德国血统家庭。他七岁前与外祖父母住在一起。直到后来，海姆才发现，他的祖父和父亲都是物理学家，他们都在劳改营里度过了几年。在切尔诺戈洛夫卡的俄罗斯科学院获得物理学博士学位后，他曾在荷兰奈梅亨等地的几所欧洲大学工作。海姆自 2001 年以来一直在英国曼彻斯特大学任职，已婚已育。

获奖工作

在自然界中，碳以不同的形态存在。一种由排列成六边形晶格的碳原子组成的只有一个原子厚的材料，长期以来被认为是纯粹的理论结构。2004 年，海姆和诺沃肖洛夫成功剥离出石墨烯，并发现它具有如下特性：薄得令人难以置信，但同时非常坚固；具有良好的导热性和导电性；几乎完全透明但非常致密。石墨烯在材料技术和电子学领域创造了新的可能性。

康斯坦丁·诺沃肖洛夫
2010 年诺贝尔物理学奖获得者

Konstantin
Novoselov

生于:1974 年 8 月 23 日,苏联下塔吉尔(现属俄罗斯)
获奖时所在机构:英国曼彻斯特大学
获奖理由:"表彰他们关于二维材料石墨烯的开创性实验"
奖项份额:1/2

生平介绍

　　诺沃肖洛夫出生于下塔吉尔。他在莫斯科学习后,师从海姆。他首先在荷兰奈梅亨的拉德堡德大学学习,然后在英国曼彻斯特大学攻读博士学位。诺沃肖洛夫已婚,有两个女儿。

获奖工作

　　在自然界中,碳以不同的形态存在。一种由排列成六边形晶格的碳原子组成的只有一个原子厚的材料,长期以来被认为是纯粹的理论结构。2004 年,诺沃肖洛大和海姆成功剥离出石墨烯,并发现它具有如下特性:薄得令人难以置信,但同时非常坚固;具有良好的导热性和导电性;几乎完全透明但非常致密。石墨烯在材料技术和电子学领域创造了新的可能性。

2011 年诺贝尔化学奖
——准晶体的发现

丹·谢赫特曼
2011 年诺贝尔化学奖获得者

Dan
Shechtman

生于: 1941 年 1 月 24 日,以色列特拉维夫
获奖时所在机构: 以色列理工学院
获奖理由: "表彰他发现了准晶体"
奖项份额: 1/1

生平介绍

谢赫特曼出生于特拉维夫。他于 1972 年在以色列理工学院获得材料科学博士学位。自那时起,他就与以色列理工学院保持联系,但也在国外度过了一段时间。20 世纪 80 年代初,他在美国约翰斯·霍普金斯大学取得了获诺贝尔奖的发现。自 2004 年以来,他还与美国艾奥瓦州立大学保持着联系。他已婚,有四个孩子。

获奖工作

大多数固体物质都是晶体,它们的原子以有序的方式排列。物理学家长期以来一直认为,所有晶体的结构都是由以重复图样排列的原子组成的。1982 年,谢赫特曼研究衍射图样时发现,当 X 射线穿过特定晶体时,会出现一种规则的衍射图样,这种图样与任何周期性重复的结构都不匹配。这表明存在满足数学规则但不重复的晶体结构,它被称为准晶体。

2014 年诺贝尔物理学奖
——高效蓝色发光二极管的发明

赤崎勇
2014 年诺贝尔物理学奖获得者

Isamu
Akasaki

生于：1929 年 1 月 30 日，日本知览町
卒于：2021 年 4 月 1 日，日本名古屋
获奖时所在机构：日本名城大学；日本名古屋大学
获奖理由："表彰他们发明了高效的蓝色发光二极管，使明亮节能的白色光源成为可能"
奖项份额：1/3

生平介绍

赤崎勇出生于日本知览町。他在京都大学学习电气工程后，进入神户工业公司工作。之后他回到学术界，并于 1964 年在名古屋大学获得博士学位。在松下公司工作多年后，他于 1981 年成为名古屋大学的教授，最终成为名古屋大学和名城大学的教授。

获奖工作

照明对我们的生活质量起着重要作用。发光二极管（LED）的发展使更高效的光源成为可能。可用于照明的白光需要红光、绿光和蓝光组合而成。事实证明，蓝色 LED 比红色 LED 和绿色 LED 更难制造。20 世纪 80 年代和 90 年代，赤崎勇、天野浩和中村修二使用难以处理的半导体氮化镓，成功制造了高效的蓝色 LED。

天野浩

2014 年诺贝尔物理学奖获得者

Hiroshi Amano

生于：1960 年 9 月 11 日，日本滨松
获奖时所在机构：日本名古屋大学
获奖理由："表彰他们发明了高效的蓝色发光二极管，使明亮节能的白色光源成为可能"
奖项份额：1/3

生平介绍

　　天野浩出生于日本滨松。他在名古屋大学学习电气工程，于 1989 年获得博士学位。2002 年，他成为名城大学的教授，后来被名古屋大学聘用。

获奖工作

　　照明对我们的生活质量起着重要作用。发光二极管（LED）的发展使更高效的光源成为可能。可用于照明的白光需要红光、绿光和蓝光组合而成。事实证明，蓝色 LED 比红色 LED 和绿色 LED 更难制造。20 世纪 80 年代和 90 年代，赤崎勇、天野浩和中村修二使用难以处理的半导体氮化镓，成功制造了高效的蓝色 LED。

中村修二

2014 年诺贝尔物理学奖获得者

Shuji
Nakamura

生于：1954 年 5 月 22 日，日本伊方町
获奖时所在机构：美国加州大学圣巴巴拉分校
获奖理由："表彰他们发明了高效的蓝色发光二极管，使明亮节能的白色光源成为可能"
奖项份额：1/3

生平介绍

　　中村修二出生于日本伊方町。他在德岛大学学习电气工程后，进入德岛的日亚公司工作，并在那里开展了获得诺贝尔奖的工作。他于 1994 年在德岛大学获得博士学位，并于 1999 年离开日亚公司，成为美国加州大学圣巴巴拉分校的教授。

获奖工作

　　照明对我们的生活质量起着重要作用。发光二极管（LED）的发展使更高效的光源成为可能。可用于照明的白光需要红光、绿光和蓝光组合而成。事实证明，蓝色 LED 比红色 LED 和绿色 LED 更难制造。20 世纪 80 年代和 90 年代，赤崎勇、天野浩和中村修二使用难以处理的半导体氮化镓，成功制造了高效的蓝色 LED。

2019 年诺贝尔化学奖
——锂离子电池的研发

约翰·班尼斯特·古迪纳夫
2019 年诺贝尔化学奖获得者

John Bannister
Goodenough

生于：1922 年 7 月 25 日，德国耶拿
卒于：2023 年 6 月 25 日，美国奥斯汀
获奖时所在机构：美国得克萨斯大学
获奖理由："表彰他们对锂离子电池的研发"
奖项份额：1/3

生平介绍

　　古迪纳夫出生于德国耶拿，父母是美国人。他在耶鲁大学学习数学后，于第二次世界大战期间担任美国陆军的气象学家。随后，他在芝加哥大学学习，并于 1952 年获得物理学博士学位。之后，他先后在美国麻省理工学院和英国牛津大学工作。自 1986 年以来，他一直担任得克萨斯大学奥斯汀分校的教授。

获奖工作

　　将电能储存在电池中是解决世界能源供应问题的关键要素。由于锂很容易失去电子，它在电池中有很大的用处。1980 年，古迪纳夫发明了一种带有氧化钴阴极的锂离子电池。该电池在分子水平上具有容纳锂离子的空间，其阴极的电压高于早期电池。古迪纳夫的贡献对于锂离子电池的研发至关重要，如今锂离子电池被广泛应用于手机和电动汽车等领域。

迈克尔·斯坦利·惠廷厄姆

2019 年诺贝尔化学奖获得者

Michael Stanley
Whittingham

生于：1941 年 12 月 22 日，英国诺丁汉
获奖时所在机构：美国宾汉姆顿大学
获奖理由："表彰他们对锂离子电池的研发"
奖项份额：1/3

生平介绍

　　惠廷厄姆出生于英国诺丁汉。他曾就读于牛津大学，并于 1968 年获得博士学位。在美国斯坦福大学进行博士后研究之后，他曾在埃克森美孚和斯伦贝谢石油公司工作，后于 1988 年成为纽约州立大学宾厄姆顿分校的教授。

获奖工作

　　将电能储存在电池中是解决世界能源供应问题的关键要素。由于锂很容易失去电了，它在电池中有很大的用处。20 世纪 70 年代，惠廷厄姆发明了一种新的锂离子电池阴极。它由二硫化钛制成，二硫化钛在分子水平上具有容纳锂离子的空间。惠廷厄姆的贡献对于锂离子电池的研发至关重要，如今锂离子电池被广泛应用于手机和电动汽车等领域。

吉野彰

2019 年诺贝尔化学奖获得者

Akira
Yoshino

生于：1948 年 1 月 30 日，日本吹田

获奖时所在机构：日本旭化成株式会社；日本名城大学

获奖理由："表彰他们对锂离子电池的研发"

奖项份额：1/3

生平介绍

　　吉野彰出生于日本吹田。他在京都大学学习技术后，于 1972 年开始在旭化成株式会社工作，在他的非学术生涯中，他一直与该公司保持联系。他从 2005 年开始在旭化成领导自己的实验室。吉野彰于 2005 年在大阪大学获得博士学位，自 2017 年起在名城大学担任教授。

获奖工作

　　将电能储存在电池中是解决世界能源供应问题的关键要素。由于锂很容易失去电子，它在电池中有很大的用处。1985 年，吉野彰发明了一种带有石油焦阳极的电池。石油焦是一种碳材料，在分子水平上具有容纳锂离子的空间。这是第一个在商业上可行的锂离子电池。这种电池被广泛应用于电气设备，例如手机和电动汽车。

第三部分

材料领域的中国科学院院士

（共 196 位，按院士当选年份、姓氏音序排列）

傅　鹰（1955）[①]

傅鹰（1902 年 1 月—1979 年 9 月），物理化学家，福建闽侯人，生于北京。1955 年当选为中国科学院学部委员（院士）。主要从事胶体与表面化学研究。

葛庭燧（1955）

葛庭燧（1913 年 5 月—2000 年 4 月），金属物理学家，山东蓬莱人。1955 年当选为中国科学院学部委员（院士）。主要从事固体内耗、晶体缺陷和金属力学性质研究。

侯德榜（1955）

侯德榜（1890 年 8 月—1974 年 8 月），化工专家，福建闽侯人。1955 年当选为中国科学院学部委员（院士）。主要从事化学工业的开发、建设和生产。

黄　昆（1955）

黄昆（1919 年 9 月—2005 年 7 月），固体物理、半导体物理学家，浙江嘉兴人，生于北京。1955 年当选为中国科学院学部委员（院士）。主要从事固体物理理论、半导体物理学等研究。

黄子卿（1955）

黄子卿（1900 年 1 月—1982 年 7 月），物理化学家，广东梅县人。1955 年当选为中国科学院学部委员（院士）。主要从事物理化学的研究与教学工作。

靳树梁（1955）

靳树梁（1899 年 4 月—1964 年 7 月），冶金学家，河北徐水人。1955 年当选为中国科学院学部委员（院士）。主要从事高炉强化理论研究。

李文采（1955）

李文采（1906 年 9 月—2000 年 3 月），钢铁冶金学家，湖南永顺人。1955 年当选为中国科学院学部委员（院士）。主要从事钢铁冶金的研究和科研组织等工作。

---

① 括号中为当选院士年份。

李　薰(1955)

李薰(1913年11月—1983年3月),物理冶金学家,湖南邵阳人。1955年当选为中国科学院学部委员(院士)。主要从事钢中氢研究。

梁树权(1955)

梁树权(1912年9月—2006年12月),分析化学家,广东珠海人,生于山东烟台。1955年当选为中国科学院学部委员(院士)。主要从事分析化学领域和环境保护领域研究。

陆学善(1955)

陆学善(1905年9月—1981年5月),物理学家,浙江吴兴人。1955年当选为中国科学院学部委员(院士)。主要从事晶体物理学和X射线晶体学的研究与教学工作。

钱临照(1955)

钱临照(1906年8月—1999年7月),物理学家,江苏无锡人。1955年当选为中国科学院学部委员(院士)。主要从事压电效应和金属晶体形变机理研究。

施汝为(1955)

施汝为(1901年11月—1983年1月),物理学家,上海人。1955年当选为中国科学院学部委员(院士)。主要从事磁学、磁性材料、磁畴实验观测等研究。

王之玺(1955)

王之玺(1906年12月—2001年1月),冶金学家,河北行唐人。1955年当选为中国科学院学部委员(院士)。主要从事冶金科学技术和钢铁工业发展研究。

叶渚沛(1955)

叶渚沛(1902年1月—1971年1月),冶金学家,福建厦门人,生于菲律宾马尼拉。1955年当选为中国科学院学部委员(院士)。主要从事化工冶金学科的理论研究。

余瑞璜（1955）

余瑞璜（1906 年 4 月—1997 年 5 月），物理学家，江西宜黄人。1955 年当选为中国科学院学部委员（院士）。主要从事 X 射线晶体学、金属物理、固体物理理论研究。

周　仁（1955）

周仁（1892 年 8 月—1973 年 12 月），冶金学和陶瓷学家，江苏江宁人，生于江苏南京。1955 年当选为中国科学院学部委员（院士）。主要从事特殊钢、合金铸铁的研究与生产，以及中国古陶瓷科学的研究等工作。

周志宏（1955）

周志宏（1897 年 12 月—1991 年 2 月），冶金、金属材料专家，江苏丹徒人。1955 年当选为中国科学院学部委员（院士）。主要从事物理冶金和钢铁冶炼研究。

陈能宽（1980）

陈能宽（1923 年 4 月—2016 年 5 月），金属物理学、材料科学、工程物理学家，生于湖南慈利。1980 年当选为中国科学院学部委员（院士）。主要从事金属物理和材料科学研究。

陈新民（1980）

陈新民（1912 年 11 月—1992 年 12 月），冶金过程物理化学家，安徽望江人，生于河北清苑。1980 年当选为中国科学院学部委员（院士）。主要从事冶金过程物理化学，特别是热力学和动力学研究。

冯　端（1980）

冯端（1923 年 6 月—2020 年 12 月），凝聚态物理学家，浙江绍兴人，生于江苏苏州。1980 年当选为中国科学院学部委员（院士）。主要从事凝聚态物理学，特别是晶体缺陷（位错与畴届）、相变及纳米材料的物理学研究。

冯新德（1980）

冯新德（1915 年 10 月—2005 年 10 月），高分子化学家，生于江苏吴江。1980 年当选为中国科学院学部委员（院士）。主要从事高分子化学基础研究与教学工作。

干福熹（1980）

干福熹（1933 年 1 月—），光学材料、非晶态物理学家，生于浙江杭州。1980 年当选为中国科学院学部委员（院士）。主要从事非晶态物理、固体光学和光谱学以及信息存储研究。

高济宇（1980）

高济宇（1902 年 5 月—2000 年 4 月），有机化学家，生于河南舞阳。1980 年当选为中国科学院学部委员（院士）。主要从事有机合成研究和化学教学工作。

高小霞（1980）

高小霞（1919 年 7 月—1998 年 9 月），分析化学家，浙江萧山人。1980 年当选为中国科学院学部委员（院士）。主要从事分析化学的研究与教学工作。

高振衡（1980）

高振衡（1911 年 6 月—1989 年 11 月），有机化学家，浙江绍兴人，生于北京。1980 年当选为中国科学院学部委员（院士）。主要从事物理有机化学研究。

龚祖同（1980）

龚祖同（1904 年 11 月—1986 年 6 月），光学家，上海人。1980 年当选为中国科学院学部委员（院士）。主要从事实验核物理学的研究，后来从事应用光学、纤维光学、光电子学、光子学等研究。

顾翼东（1980）

顾翼东（1903 年 3 月—1996 年 1 月），化学家，生于江苏苏州。1980 年当选为中国科学院学部委员（院士）。主要从事中国丰产元素钨、钼、铌、钽及稀有元素化学研究。

管惟炎（1980）

管惟炎（1928 年 8 月—2003 年 3 月），物理学家，生于江苏如东。1980 年当选为中国科学院学部委员（院士）。主要从事低温与超导研究。

郭可信（1980）

郭可信（1923 年 8 月—2006 年 12 月），物理冶金、晶体学家，福建福州人，生于北京。1980 年当选为中国科学院学部委员（院士）。先后从事晶体结构、晶体缺陷和准晶方面的研究，并用电子显微镜研究准晶及相关晶体相结构。

郭燮贤（1980）

郭燮贤（1925 年 2 月—1998 年 6 月），物理化学家，生于浙江杭州。1980 年当选为中国科学院学部委员（院士）。主要从事催化化学领域研究。

何炳林（1980）

何炳林（1918 年 8 月—2007 年 7 月），高分子化学家，生于广东番禺。1980 年当选为中国科学院学部委员（院士）。主要从事高分子化学研究与教学工作。

洪朝生（1980）

洪朝生（1920 年 10 月—2018 年 8 月），物理学家，北京人。1980 年当选为中国科学院学部委员（院士）。主要从事低温工程技术与低温物理的研究与发展工作。

黄维垣（1980）

黄维垣（1921 年 12 月—2015 年 11 月），有机化学家，福建莆田人。1980 年当选为中国科学院学部委员（院士）。主要从事甾体化学、天然产物化学以及有机氟化学和含氟材料研究。

黄耀曾（1980）

黄耀曾（1912 年 11 月—2002 年 12 月），有机化学家，生于江苏南通。1980 年当选为中国科学院学部委员（院士）。主要从事甾体化学、过金霉素提取、结构测定及全合成研究。

蒋丽金(1980)

蒋丽金(1919 年 4 月—2008 年 6 月),有机化学家,浙江杭州人,生于北京。1980 年当选为中国科学院学部委员(院士)。主要从事生物光化学,特别是竹红菌素的光疗机制、藻类天线系统的结构与功能等方面的系统性研究工作。

柯　俊(1980)

柯俊(1917 年 6 月—2017 年 8 月),材料物理学及科学技术史学家,生于浙江黄岩。1980 年当选为中国科学院学部委员(院士)。主要从事合金中相变的研究。

李　林(1980)

李林(1923 年 10 月—2002 年 5 月),物理学家,湖北黄冈人,生于北京。1980 年当选为中国科学院学部委员(院士)。主要从事材料物理学研究。

李敏华(1980)

李敏华(1917 年 11 月—2013 年 1 月),固体力学专家,江苏吴县人,生于江苏苏州。1980 年当选为中国科学院学部委员(院士)。主要从事塑性力学研究。

林兰英(1980)

林兰英(1918 年 2 月—2003 年 3 月),半导体材料科学家,福建莆田人。1980 年当选为中国科学院学部委员(院士)。主要从事半导体材料科学研究。

刘有成(1980)

刘有成(1920 年 11 月—2016 年 1 月),有机化学家,安徽舒城人。1980 年当选为中国科学院学部委员(院士)。主要从事自由基化学、单电子转移反应、辅酶 NADH 模型还原反应机理等研究。

闵恩泽(1980)

闵恩泽(1924 年 2 月—2016 年 3 月),石油化工专家,生于四川成都。1980 年当选为中国科学院学部委员(院士),1994 年当选为中国工程院院士。主要从事石油炼制催化剂制造技术领域研究。

彭少逸（1980）

彭少逸（1917 年 11 月—2017 年 5 月），物理化学家，江苏溧阳人，生于湖北武昌。1980 年当选为中国科学院学部委员（院士）。主要从事物理化学、色谱催化方面的研究。

钱保功（1980）

钱保功（1916 年 3 月—1992 年 3 月），高分子科学家，生于江苏江阴。1980 年当选为中国科学院学部委员（院士）。主要从事合成橡胶、高分子辐射化学、高分子黏弹性能和高分子固态反应等方面的研究。

申泮文（1980）

申泮文（1916 年 9 月—2017 年 7 月），无机化学家，广东从化人，生于吉林省吉林市。1980 年当选为中国科学院学部委员（院士）。主要从事无机化学的研究与教学工作。

沈天慧（1980）

沈天慧（1923 年 4 月—2011 年 1 月），半导体化学家，浙江杭州人，生于浙江嘉善。1980 年当选为中国科学院学部委员（院士）。主要从事微机电系统研究、稀土铁矿与钼矿分析、超纯硅制备、半导体材料与航天用大规模集成电路研制，以及磁头磁盘与电磁型微马达的研究工作。

师昌绪（1980）

师昌绪（1920 年 11 月—2014 年 11 月），金属学及材料科学家，河北徐水人。1980 年当选为中国科学院学部委员（院士），1994 年当选为中国工程院院士。主要从事高温合金、合金钢、金属腐蚀与防护等领域的研究。

时　钧（1980）

时钧（1912 年 12 月—2005 年 9 月），化学工程学家，生于江苏常熟。1980 年当选为中国科学院学部委员（院士）。主要从事化学工程学研究与教学工作。

唐有祺(1980)

唐有祺(1920 年 7 月—2022 年 11 月),物理化学家,生于江苏南汇。1980年当选为中国科学院学部委员(院士)。主要从事晶体体相结构和晶体化学,生物大分子晶体结构和生命过程化学问题,功能体系的表面、结构和分子工程学等领域的研究。

王守觉(1980)

王守觉(1925 年 6 月—2016 年 6 月),半导体电子学家,江苏苏州人,生于上海。1980 年当选为中国科学院学部委员(院士)。主要从事半导体与信息科学研究。

王守武(1980)

王守武(1919 年 3 月—2014 年 7 月),半导体器件物理学家,生于江苏苏州。1980 年当选为中国科学院学部委员(院士)。主要从事半导体材料、半导体器件及大规模集成电路等方面的研究与开发工作。

魏寿昆(1980)

魏寿昆(1907 年 9 月—2014 年 6 月),冶金学和冶金物理化学专家,生于天津。1980 年当选为中国科学院学部委员(院士)。主要从事冶金热力学研究。

吴自良(1980)

吴自良(1917 年 12 月—2008 年 5 月),物理冶金学家,浙江浦江人。1980年当选为中国科学院学部委员(院士)。先后从事低合金钢、铀同位素分离膜、钢中过渡元素、高温超导体 YBCO 的研究。

肖纪美(1980)

肖纪美(1920 年 12 月—2014 年 3 月),材料科学家,生于湖南凤凰。1980年当选为中国科学院学部委员(院士)。主要从事合金钢、晶界吸附、脱溶沉淀、晶间腐蚀、断裂学科和氢损伤等领域研究。

谢希德（1980）

谢希德（1921 年 3 月—2000 年 3 月），物理学家，生于福建泉州。1980 年当选为中国科学院学部委员（院士）。主要从事半导体物理和表面物理的理论研究。

严东生（1980）

严东生（1918 年 2 月—2016 年 9 月），材料科学家，浙江杭州人，生于上海。1980 年当选为中国科学院学部委员（院士）。主要从事高温结构陶瓷、陶瓷基复合材料、人工晶体、特种无机涂层等研究。

查全性（1980）

查全性（1925 年 4 月—2019 年 8 月），电化学家，安徽泾县人，生于江苏南京。1980 年当选为中国科学院学部委员（院士）。主要从事电极过程动力学研究。

张沛霖（1980）

张沛霖（1917 年 12 月—2005 年 9 月），物理冶金学家，山西平定人。1980 年当选为中国科学院学部委员（院士）。主要从事核燃料冶金、核材料方面的研究与技术工作。

张作梅（1980）

张作梅（1918 年 10 月—1998 年 12 月），金属材料、机械工程学专家，广东兴宁人。1980 年当选为中国科学院学部委员（院士）。主要从事金属压力加工领域研究。

周惠久（1980）

周惠久（1909 年 3 月—1999 年 2 月），金属材料、力学性能及热处理专家，辽宁沈阳人。1980 年当选为中国科学院学部委员（院士）。主要从事金属材料、热加工、热处理、材料强度等方面的研究与教学工作。

庄育智(1980)

庄育智(1924 年 7 月—1996 年 3 月),物理冶金学家,广东潮安人。1980 年当选为中国科学院学部委员(院士)。先后从事合金钢、难熔金属宇航材料、无缝钢管、特种合金材料研究。

邹元爔(1980)

邹元爔(1915 年 10 月—1987 年 3 月),冶金和材料科学家,浙江平湖人。1980 年当选为中国科学院学部委员(院士)。主要从事化学冶金和半导体材料研究。

曹楚南(1991)

曹楚南(1930 年 8 月—2020 年 8 月),腐蚀科学与电化学专家,生于江苏常熟。1991 年当选为中国科学院学部委员(院士)。主要从事腐蚀电化学领域研究。

范海福(1991)

范海福(1933 年 8 月—2022 年 7 月),晶体学家,生于广东广州。1991 年当选为中国科学院学部委员(院士)。主要从事原子尺度下物质结构的衍射分析方面研究。

郭景坤(1991)

郭景坤(1933 年 11 月—2021 年 8 月),材料科学家,生于上海。1991 年当选为中国科学院学部委员(院士)。主要从事陶瓷材料方面研究。

黄葆同(1991)

黄葆同(1921 年 5 月—2005 年 9 月),高分子化学家,生于上海。1991 年当选为中国科学院学部委员(院士)。先后从事生漆结构和干燥机理研究、新高分子合成研究、乙丙橡胶新催化/活化体系研究等。

黄志镗(1991)

黄志镗(1928 年 5 月—2016 年 11 月),有机化学、高分子化学家,浙江黄岩人,生于上海。1991 年当选为中国科学院学部委员(院士)。主要从事有机硅化合物和有机硅高分子、环氧化合物和环氧树脂、酚醛树脂、芳杂环高分子等方面研究。

江元生(1991)

江元生(1931 年 8 月—2014 年 1 月),物理化学家,江西宜春人。1991 年当选为中国科学院学部委员(院士)。主要从事理论化学研究。

蒋民华(1991)

蒋民华(1935 年 8 月—2011 年 5 月),晶体材料学家,生于浙江临海。1991 年当选为中国科学院学部委员(院士)。主要从事功能晶体研究。

李志坚(1991)

李志坚(1928 年 5 月—2011 年 5 月),微电子技术专家,生于浙江宁波。1991 年当选为中国科学院学部委员(院士)。主要从事半导体和微电子科技方面研究。

陆婉珍(1991)

陆婉珍(1924 年 9 月—2015 年 11 月),分析化学与石油化学家,上海人,生于天津。1991 年当选为中国科学院学部委员(院士)。主要从事分析化学及石油化学研究。

闵乃本(1991)

闵乃本(1935 年 8 月—2018 年 9 月),固体物理学家,生于江苏如皋。1991 年当选为中国科学院学部委员(院士)。主要从事介电体超晶格和准周期结构实用化研究。

阙端麟(1991)

阙端麟(1928 年 5 月—2014 年 12 月),半导体材料专家,生于福建福州。1991 年当选为中国科学院学部委员(院士)。主要从事半导体材料研究与生产转化工作。

汤定元(1991)

汤定元(1920年5月—2019年6月),物理学家,生于江苏金坛。1991年当选为中国科学院学部委员(院士)。主要从事半导体光电物理与器件研究。

王佛松(1991)

王佛松(1933年5月—2022年12月),高分子化学家,生于广东兴宁。1991年当选为中国科学院学部委员(院士)。主要从事定向聚合、稀土催化及导电高分子研究。

王景唐(1991)

王景唐(1929年3月—1992年11月),金属材料学家,河南安阳人。1991年当选为中国科学院学部委员(院士)。主要从事金属材料研究。

王启明(1991)

王启明(1934年7月—),光电子学家,生于福建。1991年当选为中国科学院学部委员(院士)。主要从事半导体光电子学研究。

颜鸣皋(1991)

颜鸣皋(1920年6月—2014年12月),材料科学家,浙江慈溪人,生于河北定兴。1991年当选为中国科学院学部委员(院士)。主要从事钛合金研究,主持航空材料的疲劳与断裂研究。

姚 熹(1991)

姚熹(1935年9月—),材料科学家,生于江苏苏州。1991年当选为中国科学院学部委员(院士)。主要从事电子陶瓷材料与器件研究。

叶恒强(1991)

叶恒强(1940年7月—),材料科学家,生于香港。1991年当选为中国科学院学部委员(院士)。主要从事固体物质和材料的结构与缺陷及其与材料性质关系等研究。

游效曾(1991)

游效曾(1934 年 1 月—2016 年 11 月),无机化学家,生于江西吉安。1991年当选为中国科学院学部委员(院士)。主要从事配位化合物的合成、结构、成键、性质和光电功能分子材料研究。

张　滂(1991)

张滂(1917 年 8 月—2011 年 11 月),有机化学家,生于江苏南京。1991 年当选为中国科学院学部委员(院士)。主要从事有机合成和天然产物的研究与教学工作。

张兴钤(1991)

张兴钤(1921 年 10 月—2022 年 7 月),金属物理学家,生于河北武邑。1991年当选为中国科学院学部委员(院士)。主要从事在蠕变过程中纯铝及其二元单相合金的形变和断裂机制研究。

钟香崇(1991)

钟香崇(1921 年 11 月—2015 年 2 月),耐火材料专家,广东潮安人,生于广东汕头。1991 年当选为中国科学院学部委员(院士)。主要从事耐火材料研究。

周炳琨(1991)

周炳琨(1936 年 3 月—),激光与光电子技术专家,生于四川成都。1991 年当选为中国科学院学部委员(院士)。主要从事激光与光电子学研究。

周尧和(1991)

周尧和(1927 年 5 月—2018 年 7 月),物理冶金学家,祖籍河北深县(现琛州市),生于北京。1991 年当选为中国科学院学部委员(院士)。主要从事凝固前沿动力学、液态金属深过冷和三维非晶合金制备研究。

邹世昌(1991)

邹世昌(1931 年 7 月—),材料科学家,生于上海。1991 年当选为中国科学院学部委员(院士)。主要从事离子束材料改性与离子束分析研究。

李依依（1993）

李依依（1933 年 10 月—），冶金与金属材料科学家，生于北京。1993 年当选为中国科学院院士。主要从事材料的研究和制备，特种合金制备工艺与计算机模拟，以及精密管材基地工作。

梁敬魁（1993）

梁敬魁（1931 年 4 月—2019 年 1 月），物理化学家，生于福建福州。1993 年当选为中国科学院院士。主要从事晶体结构化学、材料科学和固体物理三个学科交叉领域的基础和应用研究。

林励吾（1993）

林励吾（1929 年 10 月—2014 年 12 月），物理化学家，广东汕头人。1993 年当选为中国科学院院士。主要从事催化化学及工艺研究。

林尚安（1993）

林尚安（1924 年 6 月—2009 年 3 月），高分子化学家，生于福建永定。1993 年当选为中国科学院院士。主要从事烯烃高效催化聚合、共聚合与聚合理论及各种聚烯烃合成研究。

宋家树（1993）

宋家树（1932 年 3 月—），金属物理学家，生于湖南长沙。1993 年当选为中国科学院院士。主要从事合金相图、耐热强度、氧化及防护、扩散、耐磨研究等方面研究。

王崇愚（1993）

王崇愚（1932 年 10 月—），金属缺陷电子结构与材料设计专家，生于辽宁丹东。1993 年当选为中国科学院院士。主要从事材料缺陷电子理论的基础研究。

殷之文（1993）

殷之文（1919 年 5 月—2006 年 7 月），材料科学家，生于江苏吴县。1993 年当选为中国科学院院士。主要从事无机功能材料研究。

何鸣元(1995)

何鸣元(1940年2月—),石油化工专家,生于上海。1995年当选为中国科学院院士。主要从事催化材料与炼油化工催化剂研究。

苏　锵(1995)

苏锵(1931年7月—2017年2月),无机化学家,生于广东广州。1995年当选为中国科学院院士。主要从事稀土化学和物理研究。

王占国(1995)

王占国(1938年12月—),半导体材料物理学家,生于河南镇平。1995年当选为中国科学院院士。主要从事半导体材料光电性质与硅太阳电池辐照效应,以及半导体深能级物理与光谱物理研究。

徐晓白(1995)

徐晓白(1927年5月—2014年3月),环境化学家、无机化学家,生于江苏苏州。1995年当选为中国科学院院士。主要从事无机化学研究,卤磷酸钙日光灯荧光材料、稀土高温化合物和某些铀化物制备,以及多环芳烃及其衍生物分析化学、污染化学和生态毒理学研究。

徐祖耀(1995)

徐祖耀(1921年3月—2017年3月),材料科学家,浙江宁波人。1995年当选为中国科学院院士。主要从事材料科学、相变理论和材料热力学的研究与教学工作。

周国治(1995)

周国治(1937年3月—),冶金材料物理化学家,生于南京。1995年当选为中国科学院院士。主要从事熔体热力学和冶金过程理论研究。

朱　静(1995)

朱静(1938年10月—),材料科学家,生于上海。1995年当选为中国科学院院士。主要从事材料科学和工程的基础和应用基础研究、教学及人才培养工作。

曹春晓(1997)

曹春晓(1934年8月—2023年11月),材料科学家,生于浙江上虞。1997年当选为中国科学院院士。主要从事航空材料研究。

党鸿辛(1997)

党鸿辛(1929年6月—2005年6月),材料及机械摩擦、磨损与润滑专家,广西北流人。1997年当选为中国科学院院士。主要从事摩擦学及摩擦表面物理与化学研究。

高世扬(1997)

高世扬(1931年12月—2002年8月),无机化学家,四川崇州人。1997年当选为中国科学院院士。主要从事盐卤硼酸盐化学、硼酸盐水盐体系热力学非平衡态相图与溶液结构化学研究以及盐湖资源开发应用和产品高值化研究。

雷啸霖(1997)

雷啸霖(1938年10月—),材料物理学家,生于广西桂林。1997年当选为中国科学院院士。主要从事固体材料中的电子输运和超导电性研究。

钱逸泰(1997)

钱逸泰(1941年1月—2023年1月),无机化学家,生于江苏无锡。1997年当选为中国科学院院士。主要从事纳米材料化学制备和超导材料制备研究。

王 圩(1997)

王圩(1937年12月—2023年1月),半导体光电子学专家,生于河北文安。1997年当选为中国科学院院士。主要从事无位错硅单晶和Ⅲ-Ⅴ族化合物异质结液相外延研究以及长波长镓铟砷磷四元双异质结激光器和动态单频激光器研究。

周本濂(1997)

周本濂(1931年10月—2000年6月),材料物理学家,安徽合肥人,生于江苏扬州。1997年当选为中国科学院院士。主要从事材料热物性的研究与教学工作。

卓仁禧（1997）

卓仁禧（1931年2月—2019年8月），高分子化学家，生于福建厦门。1997年当选为中国科学院院士。主要从事有机硅化学和生物医用高分子研究。

陈星弼（1999）

陈星弼（1931年1月—2019年12月），半导体器件及微电子学专家，浙江浦江人，生于上海。1999年当选为中国科学院院士。主要从事功率半导体器件研究。

顾秉林（1999）

顾秉林（1945年10月—），材料物理专家，生于黑龙江哈尔滨。1999年当选为中国科学院院士。主要从事功能材料的组分、结构与性能关系的研究和材料的微观设计。

姜中宏（1999）

姜中宏（1930年8月—），无机非金属材料专家，生于广东台山。1999年当选为中国科学院院士。主要从事光学材料领域研究。

陶宝祺（1999）

陶宝祺（1935年1月—2001年3月），智能材料结构专家，江苏常州人。1999年当选为中国科学院院士。主要从事智能材料结构、测试技术和力学的研究与教学工作。

郑耀宗（1999）

郑耀宗（1939年2月—），微电子学专家，生于香港。1999年当选为中国科学院院士。主要从事金属-氧化硅-硅系统及其器件物理和工艺技术研究。

葛昌纯（2001）

葛昌纯（1934年3月—），粉末冶金和先进陶瓷专家，生于上海。2001年当选为中国科学院院士。主要从事气体扩散法生产浓缩铀用的分离膜研制、先进陶瓷研究，气-固系燃烧合成氮化物基陶瓷研究，以及耐高温等离子体冲刷的功能梯度材料研究。

黄春辉(2001)

黄春辉(1933年5月—),无机化学家,生于河北邢台。2001年当选为中国科学院院士。主要从事稀土配位化学和分子基功能膜材料研究。

柳百新(2001)

柳百新(1935年6月—),材料科学家,生于上海。2001年当选为中国科学院院士。主要从事载能离子束与材料的作用及改性、薄膜材料和核材料等领域研究。

秦国刚(2001)

秦国刚(1934年3月—),半导体材料物理专家,生于江苏南京。2001年当选为中国科学院院士。主要从事半导体材料物理研究。

任詠华(2001)

任詠华(1963年2月—),无机化学家,生于香港。2001年当选为中国科学院院士。主要从事新的无机发光分子材料和化学传感器配合物设计和合成研究。

唐叔贤(2001)

唐叔贤(1942年4月—),材料表面科学与技术专家,生于香港。2001年当选为中国科学院院士。主要从事材料表面科学与技术研究。

夏建白(2001)

夏建白(1939年7月—),半导体物理专家,生于上海。2001年当选为中国科学院院士。主要从事低维半导体微结构电子态的量子理论及其应用研究。

张　泽(2001)

张泽(1953年1月—),材料科学晶体结构专家,生于天津。2001年当选为中国科学院院士。主要从事准晶、低维纳米材料等电子显微结构研究。

陈创天（2003）

陈创天（1937 年 2 月—2018 年 10 月），材料科学专家，生于浙江奉化。2003 年当选为中国科学院院士。主要从事新型非线性光学晶体的研究和发展工作。

范守善（2003）

范守善（1947 年 2 月—），材料物理和化学专家，生于山西晋城。2003 年当选为中国科学院院士。主要从事新型功能材料的制备与物性研究。

侯建国（2003）

侯建国（1959 年 10 月—），化学家，生于福建平潭。2003 年当选为中国科学院院士。主要从事纳米材料与结构、单分子物理与化学、扫描隧道显微学研究。

金展鹏（2003）

金展鹏（1938 年 11 月—2020 年 11 月），材料科学技术专家，生于广西荔浦。2003 年当选为中国科学院院士。主要从事相图计算以及相变动力学研究。

李　灿（2003）

李灿（1960 年 1 月—），物理化学家，生于甘肃金昌。2003 年当选为中国科学院院士。主要从事催化材料、催化反应和催化光谱表征研究。

卢　柯（2003）

卢柯（1965 年 5 月—），材料科学专家，生于甘肃华池。2003 年当选为中国科学院院士。主要从事金属纳米材料及亚稳材料等研究。

解思深（2003）

解思深（1942 年 2 月—2022 年 11 月），物理学家，生于山东青岛。2003 年当选为中国科学院院士。主要从事纳米材料的合成、结构及物理性质研究。

郑有炓（2003）

郑有炓（1935 年 10 月—），半导体材料与器件物理专家，生于福建大田。2003 年当选为中国科学院院士。主要从事新型半导体异质结构材料与器件研究。

褚君浩(2005)

褚君浩(1945年3月—),半导体物理和器件专家,生于江苏宜兴。2005年当选为中国科学院院士。主要从事红外光电子材料和器件研究。

都有为(2005)

都有为(1936年10月—),磁学与磁性材料专家,生于浙江杭州。2005年当选为中国科学院院士。主要从事磁学和磁性材料的研究与教学工作。

冯守华(2005)

冯守华(1956年3月—),无机化学家,生于吉林磐石。2005年当选为中国科学院院士。主要从事无机材料的水热合成化学研究。

李述汤(2005)

李述汤(1947年1月—),材料化学和物理专家,生于湖南邵东。2005年当选为中国科学院院士。主要从事金刚石、纳米材料、有机电致发光材料与器件研究。

薛其坤(2005)

薛其坤(1962年12月—),材料物理专家,生于山东蒙阴。2005年当选为中国科学院院士。主要从事超薄膜材料的制备、表征及其物理性能研究。

姚建年(2005)

姚建年(1953年11月—),物理化学家,生于福建晋江。2005年当选为中国科学院院士。主要从事新型光功能材料的基础和应用探索研究。

王克明(2007)

王克明(1939年3月—2013年7月),材料物理学家,浙江乐清人。2007年当选为中国科学院院士。主要从事离子束与固体相互作用及材料改性研究。

赵东元(2007)

赵东元(1963年6月—),物理化学家,生于辽宁沈阳。2007年当选为中国科学院院士。主要从事沸石分子筛、无机纳米材料的合成研究。

祝世宁（2007）

祝世宁（1949 年 12 月—），功能材料学家，生于江苏南京。2007 年当选为中国科学院院士。主要从事微结构功能材料研究。

江　雷（2009）

江雷（1965 年 3 月—），无机化学家，生于吉林长春。2009 年当选为中国科学院院士。主要从事仿生功能界面材料的制备及物理化学性质研究。

唐本忠（2009）

唐本忠（1957 年 2 月—），高分子化学家，生于湖北潜江。2009 年当选为中国科学院院士。主要从事高分子合成方法论的探索、先进功能材料的开发以及聚集诱导发光现象的研究。

王　曦（2009）

王曦（1966 年 8 月—），材料科学家，生于上海。2009 年当选为中国科学院院士。主要从事载能离子束与固体相互作用物理现象研究。

李树深（2011）

李树深（1963 年 3 月—），半导体器件物理专家，生于河北保定。2011 年当选为中国科学院院士。主要从事半导体低维量子结构中的器件物理基础研究。

李亚栋（2011）

李亚栋（1964 年 11 月—），无机化学家，生于安徽宿松。2011 年当选为中国科学院院士。主要从事无机纳米材料合成化学研究。

刘忠范（2011）

刘忠范（1962 年 10 月—），物理化学家，生于吉林九台。2011 年当选为中国科学院院士。主要从事纳米碳材料、二维原子晶体材料和纳米化学研究。

南策文（2011）

南策文（1962 年 11 月—），材料科学专家，生于湖北浠水。2011 年当选为中国科学院院士。主要从事功能复合材料和陶瓷材料研究。

沈保根（2011）

沈保根（1952 年 9 月—），磁学和磁性材料专家，生于浙江平湖。2011 年当选为中国科学院院士。主要从事磁性物理学和磁性材料研究。

田　禾（2011）

田禾（1962 年 7 月—），精细化工专家，生于新疆乌鲁木齐。2011 年当选为中国科学院院士。主要从事功能染料的基础与应用研究。

魏炳波（2011）

魏炳波（1964 年 4 月—），材料科学专家，生于山东惠民。2011 年当选为中国科学院院士。主要从事金属材料凝固科学与技术和空间材料科学研究。

严纯华（2011）

严纯华（1961 年 1 月—），无机化学家，生于上海川沙。2011 年当选为中国科学院院士。主要从事稀土分离理论、应用及稀土功能材料研究。

张俐娜（2011）

张俐娜（1940 年 8 月—2020 年 10 月），高分子物理化学家，江西萍乡人，生于福建光泽。2011 年当选为中国科学院院士。主要从事天然高分子材料与高分子物理的基础和应用研究。

张统一（2011）

张统一（1949 年 10 月—），材料力学专家，生于河南郑州。2011 年当选为中国科学院院士。主要从事材料力学性质研究。

成会明（2013）

成会明（1963 年 10 月—），炭材料科学家，生于四川巴中。2013 年当选为中国科学院院士。主要从事先进炭材料研究。

郝　跃(2013)

郝跃(1958年3月—),微电子学与固体电子学家,生于重庆。2013年当选为中国科学院院士。主要从事宽禁带半导体高功率微波电子学领域研究和人才培养。

刘维民(2013)

刘维民(1962年9月—),润滑材料与技术专家,生于山东莱西。2013年当选为中国科学院院士。主要从事润滑材料与技术研究。

邱　勇(2013)

邱勇(1964年7月—),有机光电材料专家,生于四川荣县。2013年当选为中国科学院院士。主要从事有机光电材料与器件研究。

张洪杰(2013)

张洪杰(1953年9月—),无机化学家,生于吉林榆树。2013年当选为中国科学院院士。主要从事稀土材料的基础与应用研究。

张　涛(2013)

张涛(1963年7月—),物理化学家,生于陕西安康。2013年当选为中国科学院院士。主要从事能源化工及催化新材料等方面研究。

韩杰才(2015)

韩杰才(1966年3月—),复合材料和光学材料专家,生于四川巴中。2015年当选为中国科学院院士。主要从事超高温复合材料、红外光学晶体与薄膜材料研究。

刘云圻(2015)

刘云圻(1949年2月—),物理化学家,生于江苏靖江。2015年当选为中国科学院院士。主要从事分子材料与器件研究。

汪卫华(2015)

汪卫华(1963年7月—),材料物理学家,生于安徽宁国。2015年当选为中国科学院院士。主要从事非晶材料的基础和应用基础研究。

俞大鹏(2015)

俞大鹏(1959年3月—),无机非金属材料领域专家,生于宁夏中卫。2015年当选为中国科学院院士。主要从事半导体纳米线材料的制备与关键材料科学问题研究。

于吉红(2015)

于吉红(1967年1月—),无机化学领域专家,生于辽宁鞍山。2015年当选为中国科学院院士。主要从事无机多孔功能材料的合成与制备化学研究。

邹志刚(2015)

邹志刚(1955年3月—),材料学专家,生于天津。2015年当选为中国科学院院士。主要从事能源与环境材料方面研究。

段文晖(2017)

段文晖(1967年1月—),材料科学专家,生于湖南冷水江。2017年当选为中国科学院院士。主要从事计算材料科学领域研究。

刘昌胜(2017)

刘昌胜(1967年6月—),生物材料学家,生于湖北大冶。2017年当选为中国科学院院士。主要从事生物材料研究。

田永君(2017)

田永君(1963年3月—),材料学家,生于黑龙江友谊。2017年当选为中国科学院院士。主要从事超硬材料研究。

杨德仁(2017)

杨德仁(1964年4月—),半导体材料学家,生于江苏扬州。2017年当选为中国科学院院士。主要从事半导体硅材料研究。

杨万泰（2017）

杨万泰（1956 年 10 月—），高分子化学家，生于河北成安。2017 年当选为中国科学院院士。主要从事高分子材料合成与改性化学的方法学研究。

张清杰（2017）

张清杰（1958 年 11 月—），材料科学家，生于河南西峡。2017 年当选为中国科学院院士。主要从事热电材料等特种功能无机非金属与复合材料的基础理论、材料制备和工程应用研究。

崔铁军（2019）

崔铁军（1965 年 9 月—），电磁场与微波技术专家，生于河北滦平。2019 年当选为中国科学院院士。主要从事电磁超材料和计算电磁学研究。

江风益（2019）

江风益（1963 年 9 月—），半导体发光学家，生于江西余干。2019 年当选为中国科学院院士。主要从事半导体发光材料生长、芯片制造、器件物理和专用装备研究。

蒙大桥（2019）

蒙大桥（1957 年 9 月—），核材料与工艺专家，生于陕西咸阳。2019 年当选为中国科学院院士。主要从事特种材料、特种部件制造研究。

彭练矛（2019）

彭练矛（1962 年 9 月—），材料物理学家，湖南平江人，生于江西鹰潭。2019 年当选为中国科学院院士。主要从事碳基电子学领域研究。

施剑林（2019）

施剑林（1963 年 12 月—），无机化学与无机材料学家，生于江苏太仓。2019 年当选为中国科学院院士。主要从事无机纳米与介孔材料的合成、非均相催化性能与环境能源应用研究。

叶志镇(2019)

叶志镇(1955年4月—),宽禁带半导体光电薄膜材料专家,生于浙江苍南。2019年当选为中国科学院院士。主要从事宽禁带半导体氧化锌等无机光电薄膜材料及关键技术研究。

俞书宏(2019)

俞书宏(1967年8月—),无机化学家,生于安徽庐江。2019年当选为中国科学院院士。主要从事无机合成化学、仿生材料的设计合成与应用研究。

张　锦(2019)

张锦(1969年12月—),物理化学家,生于宁夏同心。2019年当选为中国科学院院士。主要从事纳米碳材料的物理化学研究。

张　跃(2019)

张跃(1958年11月—),材料学家,生于湖南长沙。2019年当选为中国科学院院士。主要从事低维半导体材料及其服役行为研究。

朱美芳(2019)

朱美芳(1965年8月—),材料科学家,生于江苏如皋。2019年当选为中国科学院院士。主要从事纤维材料功能化、舒适化和智能化研究。

陈　光(2021)

陈光(1962年4月—),材料学家,生于河北昌黎。2021年当选为中国科学院院士。主要从事金属材料与加工科学技术研究。

顾　宁(2021)

顾宁(1964年5月—),生物医用纳米材料学家,生于江苏南京。2021年当选为中国科学院院士。主要从事纳米医学材料研究。

贾金锋(2021)

贾金锋(1966年3月—),材料物理学家,生于江苏金湖。2021年当选为中国科学院院士。主要从事低维、量子材料的控制生长、表征及其物性研究。

冷劲松（2021）

冷劲松（1968 年 9 月—），智能材料和复合材料力学专家，生于黑龙江哈尔滨。2021 年当选为中国科学院院士。主要从事智能材料和复合材料的力学理论、材料制备、结构设计及应用研究。

马於光（2021）

马於光（1963 年 11 月—），有机/高分子光电材料学家，生于吉林长春。2021 年当选为中国科学院院士。主要从事有机/高分子光电材料基础科学研究。

孙　军（2021）

孙军（1959 年 2 月—），金属材料学家，生于吉林长春。2021 年当选为中国科学院院士。主要从事金属材料形变相变与强韧化研究。

郑婉华（2021）

郑婉华（1966 年 2 月—），人工微结构材料与光电子专家，生于吉林省吉林市。2021 年当选为中国科学院院士。主要从事人工微结构材料与半导体激光器研究。

陈立东（2023）

陈立东（1960 年 5 月—），材料物理学专家，生于江西玉山。2023 年当选为中国科学院院士。主要从事热电材料与器件技术研究。

蒋成保（2023）

蒋成保（1968 年 9 月—），材料学与冶金学专家，生于安徽无为。2023 年当选为中国科学院院士。主要从事先进磁性功能材料研究。

李殿中（2023）

李殿中（1966 年 5 月—），结构材料专家，生于辽宁兴城。2023 年当选为中国科学院院士。主要从事高端装备金属结构材料及加工技术研究。

彭慧胜(2023)

彭慧胜(1976年7月—),高分子化学家,生于湖南邵阳。2023年当选为中国科学院院士。主要从事高分子纤维器件研究。

卿凤翎(2023)

卿凤翎(1964年3月—),有机化学家,生于湖南新邵。2023年当选为中国科学院院士。主要从事有机氟化学基础研究及高性能有机氟材料研究。

唐智勇(2023)

唐智勇(1971年3月—),物理化学家,生于湖南芷江。2023年当选为中国科学院院士。主要从事纳米自组装研究。

熊仁根(2023)

熊仁根(1961年7月—),无机化学家,生于江西南昌。2023年当选为中国科学院院士。主要从事无机配位化学、分子铁电材料研究。

张 荻(2023)

张荻(1957年3月—),材料加工与结构材料专家,生于陕西西安。2023年当选为中国科学院院士。主要从事金属基复合材料研究。

张 荣(2023)

张荣(1964年2月—),电子科学与技术专家,生于江苏大丰。2023年当选为中国科学院院士。主要从事半导体光电子器件与材料研究。

郑南峰(2023)

郑南峰(1977年4月—),无机化学家,生于福建龙岩。2023年当选为中国科学院院士。主要从事表界面配位化学研究。

第四部分

材料领域的中国工程院院士

（共 129 位，按院士当选年份、姓氏音序排列）

段镇基（1994）

段镇基（1934 年 2 月—2009 年 6 月），皮革及皮革化工材料专家，生于四川成都。1994 年当选为中国工程院院士。主要从事皮革涂饰材料研究。

黄培云（1994）

黄培云（1917 年 8 月—2012 年 2 月），金属材料及粉末冶金专家，生于北京，原籍福建福州。1994 年当选为中国工程院院士。我国粉末冶金学科的主要创始人之一。

李恒德（1994）

李恒德（1921 年 6 月—2019 年 5 月），核材料、材料科学专家，河南洛阳人。1994 年当选为中国工程院院士。我国核材料和金属离子束材料改性科学技术的先驱者之一。

戚元靖（1994）

戚元靖（1929 年 4 月—1994 年 11 月），钢铁冶金、建筑工程专家，湖北武汉人。1994 年当选为中国工程院院士。主要从事冶金工业工程设计和工程管理工作。

师昌绪（1994）

师昌绪（1920 年 11 月—2014 年 11 月），金属学及材料科学专家，河北徐水人。1980 年当选为中国科学院学部委员（院士），1994 年当选为中国工程院院士。主要从事高温合金及高合金钢研究。

王淀佐（1994）

王淀佐（1934 年 3 月—2023 年 10 月），矿物工程专家，生于辽宁凌海。1994 年当选为中国工程院院士。主要从事矿物加工与冶金研究。

吴中伟（1994）

吴中伟（1918 年 7 月—2000 年 2 月），建筑材料与土木工程专家，江苏江阴人。1994 年当选为中国工程院院士。主要从事水泥、砼的科学和工程研究。

严东生(1994)

严东生(1918年2月—2016年9月),材料科学家,浙江杭州人,生于上海。1980年当选为中国科学院院士,1994年当选为中国工程院院士。我国无机材料科学技术的奠基人和开拓者之一。

殷瑞钰(1994)

殷瑞钰(1935年7月—),冶金学家、钢铁冶金专家、工程哲学专家,生于江苏苏州。1994年当选为中国工程院院士。主要从事冶金学、冶金工程、工程管理、工程哲学研究。

周　廉(1994)

周廉(1940年3月—),稀有金属加工和超导材料专家,生于吉林舒兰。1994年当选为中国工程院院士。主要从事稀有金属加工和超导材料研究。

邹　竞(1994)

邹竞(1936年2月—2022年6月),感光材料专家,生于上海,祖籍浙江平湖。1994年当选为中国工程院院士。主要从事感光材料和功能性薄膜材料研究和新产品开发。

丁传贤(1995)

丁传贤(1936年2月—),无机涂层材料专家,生于江苏海门。1995年当选为中国工程院院士。主要从事等离子体喷涂涂层材料的设计、制备、应用和相关机理研究。

傅恒志(1995)

傅恒志(1929年8月—),材料及冶金专家,生于河南开封。1995年当选为中国工程院院士。主要从事凝固理论与技术及高温合金研究。

胡壮麒(1995)

胡壮麒(1929年8月—2016年7月),金属材料专家,上海人。1995年当选为中国工程院院士。主要从事高温合金及亚稳新材料和新工艺研究。

李东英(1995)

李东英(1920 年 12 月—2020 年 9 月),稀有金属冶金及材料专家,北京人。1995 年当选为中国工程院院士。我国稀有金属工业创始人之一。

林尚扬(1995)

林尚扬(1932 年 3 月—),焊接专家,生于福建厦门。1995 年当选为中国工程院院士。主要从事焊接材料、工艺与自动化技术研究。

邱竹贤(1995)

邱竹贤(1921 年 4 月—2006 年 7 月),有色金属冶金专家,江苏海门人。1995 年当选为中国工程院院士。主要从事铝电解工业生产和融盐电解、融盐物理化学基础理论及应用技术研究。

邵象华(1995)

邵象华(1913 年 2 月—2012 年 3 月),钢铁冶金专家,浙江杭州人。1995 年当选为中国工程院院士。我国近代钢铁冶金工程的奠基人和开拓者之一。

沈德忠(1995)

沈德忠(1940 年 6 月—2014 年 4 月),人工晶体专家,贵州贵阳人。1995 年当选为中国工程院院士。主要从事无机非金属晶体材料生长、应用及探索研究。

唐明述(1995)

唐明述(1929 年 3 月—),无机非金属材料专家,生于四川安岳。1995 年当选为中国工程院院士。主要从事混凝土工程寿命研究。

涂铭旌(1995)

涂铭旌(1928 年 11 月—2019 年 1 月),金属材料专家,重庆人。1995 年当选为中国工程院院士。主要从事金属材料、强度与断裂研究。

王震西(1995)

王震西(1942 年 9 月—),磁性与非晶态材料专家,生于江苏海门。1995 年当选为中国工程院院士。主要从事稀土磁性材料的研究、开发及产业化。

徐端夫(1995)

徐端夫(1934年4月—2006年4月),高分子化学和高分子材料科学专家,浙江杭州人。1995年当选为中国工程院院士。主要从事高分子凝聚态结构和高分子材料研究。

徐匡迪(1995)

徐匡迪(1937年12月—),钢铁冶金专家,生于浙江崇德。1995年当选为中国工程院院士。主要从事电炉炼钢、喷射冶金、钢液二次精炼及熔融还原研究。

徐元森(1995)

徐元森(1926年5月—2013年3月),微电子及冶金专家,浙江江山人。1995年当选为中国工程院院士。解决了炼铁史上含钛和含氟铁矿冶炼的两大难题,丰富了炼铁学和冶金过程物理化学,致力于微电子领域的开拓。

殷国茂(1995)

殷国茂(1932年1月—),轧管工艺与设备专家,生于山东龙口。1995年当选为中国工程院院士。主要从事无缝钢管生产工艺、设备以及产品生产开发等研究。

张国成(1995)

张国成(1931年8月—2022年12月),稀有稀土金属冶金专家,生于云南昆明。1995年当选为中国工程院院士。主要从事稀土矿物分解、冶炼分离技术等研究与工程化开发。

张立同(1995)

张立同(1938年4月—),高温复合材料专家,生于重庆。1995年当选为中国工程院院士。主要从事纤维增强陶瓷基复合材料及其制备技术与应用研究。

张寿荣(1995)

张寿荣(1928年2月—),钢铁冶金专家,生于山东济南。1995年当选为中国工程院院士。主要从事钢铁冶金生产、建设及高炉设计工艺等方面研究。

钟　掘（1995）

钟掘（1936 年 9 月—），机械工程专家，生于江西南昌。1995 年当选为中国工程院院士。主要从事装备制造行业研究。

周邦新（1995）

周邦新（1935 年 12 月—），核材料专家，生于湖北武昌。1995 年当选为中国工程院院士。主要从事核材料与核燃料研究。

周　翔（1995）

周翔（1934 年 9 月—），纺织化学与染整工程专家，生于上海。1995 年当选为中国工程院院士。主要从事纺织品功能整理、新型纺织化学品以及染整加工与环境等领域研究。

左铁镛（1995）

左铁镛（1936 年 9 月—），材料学专家，生于北京。1995 年当选为中国工程院院士。主要从事难熔金属材料、稀土功能材料、铝镁材料、生态环境材料及循环经济研究。

崔　崑（1997）

崔崑（1925 年 7 月—），金属材料专家，生于山东济南。1997 年当选为中国工程院院士。主要从事材料科学的研究与教学工作。

顾真安（1997）

顾真安（1936 年 11 月—2022 年 12 月），无机非金属材料专家，生于江苏无锡。1997 年当选为中国工程院院士。主要从事特种玻璃和光导纤维研究。

黄崇祺（1997）

黄崇祺（1934 年 11 月—），金属导体专家，生于江苏常熟。1997 年当选为中国工程院院士。主要从事金属导体材料研究。

雷廷权(1997)

雷廷权(1928年1月—2007年12月),金属材料与热处理专家,陕西西安人。1997年当选为中国工程院院士。主要从事金属材料及热处理研究。

李鹤林(1997)

李鹤林(1937年7月—),石油装备材料科学与工程专家,生于陕西汉中。1997年当选为中国工程院院士。主要从事石油装备用钢及石油管工程研究。

李龙土(1997)

李龙土(1935年11月—),无机非金属材料专家,生于福建南安。1997年当选为中国工程院院士。主要从事无机非金属材料(信息功能陶瓷)的研究与教学工作。

梁骏吾(1997)

梁骏吾(1933年9月—2022年6月),半导体材料专家,湖北武汉人。1997年当选为中国工程院院士。先后从事高纯硅、GaAs液相外延、硅气相外延、连续生长硅高掺杂外延层、SiO_2介质层、多晶硅层、AlGaAs/GaAs量子阱超晶格材料研究,近年来从事光伏电池材料和器件工作。

刘业翔(1997)

刘业翔(1930年9月—),有色金属冶金专家,生于湖北武汉。1997年当选为中国工程院院士。主要从事轻金属与铝电解及电化学冶金领域节能技术研究与应用工作。

陆钟武(1997)

陆钟武(1929年10月—2017年11月),冶金热能工程和工业生态学专家,生于天津,原籍上海川沙。1997年当选为中国工程院院士。主要从事在炉窑热工、系统节能和工业生态学方面研究。

孙晋良(1997)

孙晋良(1946年1月—),产业用纺织材料和复合材料专家,生于上海。

1997 年当选为中国工程院院士。主要从事复合材料和产业用纺织材料研究。

薛群基（1997）

薛群基（1942 年 11 月—），特种润滑材料专家，生于山东沂南。1997 年当选为中国工程院院士。主要从事特种润滑和防护材料研究。

陈国良（1999）

陈国良（1934 年 3 月—2011 年 5 月），金属材料专家，江苏宜兴人。1999 年当选为中国工程院院士。主要从事高温合金研究。

陈蕴博（1999）

陈蕴博（1935 年 1 月—），材料领域专家，生于上海嘉定。1999 年当选为中国工程院院士。主要从事材料科学与工程领域研究。

戴永年（1999）

戴永年（1929 年 2 月—2022 年 1 月），有色金属真空冶金专家，云南通海人，生于云南昆明。1999 年当选为中国工程院院士。主要从事真空冶金和有色金属材料的真空制备研究。

黄伯云（1999）

黄伯云（1945 年 11 月—），粉末冶金专家，生于湖南南县。1999 年当选为中国工程院院士。主要从事粉末冶金理论、技术与材料，无机非金属复合材料及有色金属材料研究。

蒋士成（1999）

蒋士成（1934 年 9 月—），化纤工程与技术管理专家，生于江苏常州。1999 年当选为中国工程院院士。主要从事化纤工程与技术开发研究。

李冠兴（1999）

李冠兴（1940 年 1 月—2020 年 12 月），核材料专家，生于上海。1999 年当选为中国工程院院士。主要从事核燃料与工艺技术研究。

李正邦（1999）

李正邦（1933年5月—2017年10月），钢铁冶金专家，生于江苏南京。1999年当选为中国工程院院士。主要从事电渣冶金方面的研究与开发工作。

柳百成（1999）

柳百成（1933年2月—），铸造及材料工程专家，生于上海。1999年当选为中国工程院院士。主要从事铸造及材料加工工程研究。

邱定蕃（1999）

邱定蕃（1941年10月—），有色冶金专家，生于香港。1999年当选为中国工程院院士。主要从事有色冶金、化工冶金研究。

王泽山（1999）

王泽山（1935年10月—），含能材料专家，生于吉林省吉林市。1999年当选为中国工程院院士。主要从事含能材料方面的研究与教学工作。

闻立时（1999）

闻立时（1936年3月—2010年4月），复合材料专家，生于湖北武汉。1999年当选为中国工程院院士。主要从事表面工程和纳米技术研究。

武　胜（1999）

武胜（1934年9月—2023年1月），核材料与工艺专家，生于黑龙江阿城。1999年当选为中国工程院院士。主要从事研究核材料与工艺研究。

张　懿（1999）

张懿（1939年6月—），绿色过程工程与环境工程专家，生于黑龙江牡丹江。1999年当选为中国工程院院士。主要从事资源绿色循环利用研究。

曾苏民（1999）

曾苏民（1932年2月—2015年11月），金属压力加工专家，生于湖南双峰。1999年当选为中国工程院院士。主要从事精密模锻工程技术研究。

钟群鹏(1999)

钟群鹏(1934年10月—),机械(电)失效分析预测预防专家,生于浙江上虞。1999年当选为中国工程院院士。主要从事金属材料的断裂失效与安全评定、早期检测与治愈机制、失效哲学理念与安全管理系统等方面研究。

才鸿年(2001)

才鸿年(1940年1月—),金属材料专家,生于北京。2001年当选为中国工程院院士。主要从事军用新材料研究。

陈立泉(2001)

陈立泉(1940年3月—),功能材料专家,生于四川南充。2001年当选为中国工程院院士。主要从事锂电池及相关材料研究。

干　勇(2001)

干勇(1947年8月—),冶金材料专家,生于四川内江。2001年当选为中国工程院院士。主要从事冶金、新材料及现代钢铁流程技术研究。

何季麟(2001)

何季麟(1945年9月—),冶金与材料工程专家,生于河南开封。2001年当选为中国工程院院士。主要从事有色金属冶金与新材料研究。

江东亮(2001)

江东亮(1937年9月—),无机材料科学专家,生于上海。2001年当选为中国工程院院士。主要从事先进陶瓷的组成、结构、工艺与性能关系的研究与发展工作。

姚　穆(2001)

姚穆(1930年5月—),纺织材料专家,生于江苏南通。2001年当选为中国工程院院士。主要从事纺织材料结构与性能研究。

董海山(2003)

董海山(1932年10月—2011年2月),含能材料专家,生于河北滦县。2003年当选为中国工程院院士。主要从事高能炸药合成与应用研究,是我国这一领域的重要专家和主要学术带头人之一。

徐德龙(2003)

徐德龙(1952年8月—2018年9月),无机非金属材料专家,甘肃兰州人。2003年当选为中国工程院院士。是我国硅酸盐工程领域的学术和技术带头人。

张文海(2003)

张文海(1939年2月—),有色冶金专家,生于福建福州。2003年当选为中国工程院院士。主要从事有色冶金工程设计和科学研究。

赵连城(2003)

赵连城(1938年2月—),光电信息科学与工程专家,生于江苏盐城。2003年当选为中国工程院院士。主要从事半导体光电功能材料研究。

孙 伟(2005)

孙伟(1935年11月—2019年2月),土木工程材料专家,生于山东胶州。2005年当选为中国工程院院士。主要从事土木工程材料领域的教学、科研和人才培养工作。

王国栋(2005)

王国栋(1942年10月—),压力加工专家,生于辽宁大连。2005年当选为中国工程院院士。主要从事钢铁材料轧制理论、工艺、装备与产品方面研究。

王一德(2005)

王一德(1938年12月—),压力加工专家,生于浙江杭州。2005年当选为中国工程院院士。主要从事不锈钢、电工钢和轧钢技术研究。

吴以成（2005）

吴以成（1946 年 11 月—），功能材料专家，生于广西玉林。2005 年当选为中国工程院院士。主要从事非线性光学材料研究。

徐南平（2005）

徐南平（1961 年 4 月—），化学工程专家，生于安徽桐城。2005 年当选为中国工程院院士。主要从事膜科学与技术及材料化学工程研究。

赵振业（2005）

赵振业（1937 年 11 月—），金属材料专家，生于河南原阳。2005 年当选为中国工程院院士。主要从事航空超高强度钢应用基础理论、合金设计和工程应用科学与技术研究。

姜德生（2007）

姜德生（1949 年 3 月—），光纤传感领域专家，生于湖北武汉。2007 年当选为中国工程院院士。主要从事光纤传感新技术研究。

屠海令（2007）

屠海令（1946 年 10 月—），电子材料专家，生于北京。2007 年当选为中国工程院院士。主要从事硅及硅基半导体材料、化合物半导体材料、新型传感材料研究。

张全兴（2007）

张全兴（1938 年 12 月—），环境工程和高分子材料专家，生于江苏常州。2007 年当选为中国工程院院士。主要从事树脂吸附理论研究及新型离子交换与吸附树脂研制、高浓度难降解有毒有机废水治理与资源化、绿色聚乳酸系列环境友好材料的研发与应用研究。

张兴栋（2007）

张兴栋（1938 年 4 月—），材料科学与工程专家，生于四川南充。2007 年当选为中国工程院院士。主要从事生物医用材料研究。

翁宇庆(2009)

翁宇庆(1940年1月—),钢铁材料专家,生于四川西昌。2009年当选为中国工程院院士。主要从事钢结构材料研究。

周克崧(2009)

周克崧(1941年2月—),材料表面工程专家,生于上海。2009年当选为中国工程院院士。主要从事热喷涂、真空镀膜、激光制造及材料表面改性研究。

周 玉(2009)

周玉(1955年7月—),先进陶瓷材料专家,生于黑龙江五常。2009年当选为中国工程院院士。主要从事陶瓷相变机理与韧化工艺、多功能航天防热与高温结构用先进陶瓷及复合材料研究。

陈祥宝(2011)

陈祥宝(1956年4月—),复合材料专家,生于江苏常熟。2011年当选为中国工程院院士。主要从事先进树脂基结构复合材料和结构/功能一体化复合材料研究。

李言荣(2011)

李言荣(1961年7月—),电子信息材料专家,生于四川射洪。2011年当选为中国工程院院士。主要从事电子薄膜材料与器件应用研究。

王海舟(2011)

王海舟(1940年2月—),冶金分析表征专家,生于福建福州。2011年当选为中国工程院院士。主要从事材料分析表征与评价研究。

徐惠彬(2011)

徐惠彬(1959年7月—),金属材料专家,生于吉林大安。2011年当选为中国工程院院士。主要从事先进航空发动机高温材料和特种功能材料的科研、工程应用和人才培养工作。

丁文江（2013）

丁文江（1953 年 3 月—），轻合金研究专家，生于上海。2013 年当选为中国工程院院士。主要从事先进镁合金材料及其精密成形研究。

蹇锡高（2013）

蹇锡高（1946 年 1 月—），有机高分子材料专家，生于重庆。2013 年当选为中国工程院院士。主要从事有机高分子材料创新与产业化研究。

李元元（2013）

李元元（1958 年 10 月—），粉末冶金和铸造专家，生于广东梅州。2013 年当选为中国工程院院士。主要从事粉末冶金和有色合金研究。

李仲平（2013）

李仲平（1964 年 8 月—），航天复合材料专家，生于湖北安陆。2013 年当选为中国工程院院士。主要从事航天极端环境复合材料应用基础和工程应用研究。

俞建勇（2013）

俞建勇（1964 年 5 月—），纺织科学与工程专家，生于上海。2013 年当选为中国工程院院士。主要从事纺织材料研究。

李德群（2015）

李德群（1945 年 8 月—2022 年 9 月），材料成形专家，江苏泰县（现泰州市姜堰区）人。2015 年当选为中国工程院院士。主要从事塑料注射成形模拟和智能型塑料注射机的研究与开发工作。

李　卫（2015）

李卫（1957 年 12 月—），磁学与磁性材料专家，生于北京。2015 年当选为中国工程院院士。主要从事高性能稀土永磁新材料、产业化关键技术研发和创新工作。

毛新平（2015）

毛新平（1965年6月—），金属压力加工专家，生于湖北鄂州。2015年当选为中国工程院院士。主要从事先进钢铁制造流程和高性能钢铁材料研究。

王迎军（2015）

王迎军（1954年7月—），生物材料科学与工程专家，生于河北唐县。2015年当选为中国工程院院士。主要从事生物医用材料研究。

王玉忠（2015）

王玉忠（1961年6月—），有机高分子材料专家，生于山东威海。2015年当选为中国工程院院士。主要从事高分子材料的功能化与高性能化、降解与回收循环利用等领域研究。

谢建新（2015）

谢建新（1958年6月—），材料加工工程专家，生于湖南双峰。2015年当选为中国工程院院士。主要从事金属凝固、加工和热处理及其关键装备研究。

黄小卫（2017）

黄小卫（1962年1月—），有色金属冶金专家，生于湖南常德。2017年当选为中国工程院院士。主要从事稀土冶金与材料研究。

聂祚仁（2017）

聂祚仁（1963年1月—），难熔金属粉末冶金和铝合金领域专家，生于湖南长沙。2017年当选为中国工程院院士。主要从事有色金属冶金材料及加工领域的研究与教学工作。

潘复生（2017）

潘复生（1962年7月—），轻金属专家，生于浙江兰溪。2017年当选为中国工程院院士。主要从事镁合金、铝合金、工具钢等方面研究。

彭金辉（2017）

彭金辉（1964 年 12 月—），有色金属冶金专家，生于云南景东。2017 年当选为中国工程院院士。主要从事微波冶金基础理论、装备技术及工程应用研究。

王　琪（2017）

王琪（1949 年 7 月—），塑料加工工程专家，生于四川自贡。2017 年当选为中国工程院院士。主要从事塑料加工新理论新技术新装备及环境友好高分子材料研究。

吴　锋（2017）

吴锋（1951 年 6 月—），新能源材料科学专家，生于北京。2017 年当选为中国工程院院士。主要从事新能源材料研究。

张联盟（2017）

张联盟（1955 年 1 月—），功能梯度复合材料专家，生于湖北天门。2017 年当选为中国工程院院士。主要从事先进复合材料研究。

周　济（2017）

周济（1962 年 2 月—），无机非金属材料专家，生于吉林九台。2017 年当选为中国工程院院士。主要从事信息功能陶瓷材料与元器件研究。

陈文兴（2019）

陈文兴（1964 年 12 月—），纺织科学与工程专家，生于浙江绍兴。2019 年当选为中国工程院院士。主要从事纤维材料科学与工程研究。

董绍明（2019）

董绍明（1962 年 10 月—），陶瓷基复合材料专家，生于山东莱州。2019 年当选为中国工程院院士。主要从事陶瓷基复合材料的基础和工程化研究。

宫声凯（2019）

宫声凯（1956 年 7 月—），航空发动机高温金属结构材料与热障涂层专家，生于辽宁盖县。2019 年当选为中国工程院院士。主要从事航空发动机高压涡轮叶片用金属间化合物基单晶合金、单晶叶片和热障涂层材料技术与设备等方面研究。

李贺军(2019)

李贺军(1957 年 12 月—),碳纤维增强复合材料专家,生于河南驻马店。2019 年当选为中国工程院院士。主要从事高性能碳纤维增强复合材料研究。

刘正东(2019)

刘正东(1966 年 10 月—),钢铁冶金与材料专家,生于内蒙古突泉(原属吉林白城)。2019 年当选为中国工程院院士。主要从事电站动力工程用钢冶金技术及其工程应用研究。

彭　寿(2019)

彭寿(1960 年 10 月—),玻璃新材料专家,生于安徽桐城。2019 年当选为中国工程院院士。主要从事玻璃新材料科研、设计和产业化研究。

张平祥(2019)

张平祥(1965 年 3 月—),超导材料专家,生于陕西宝鸡。2019 年当选为中国工程院院士。主要从事实用化低温和高温超导材料制备技术等研究。

邓龙江(2021)

邓龙江(1966 年 11 月—),电磁功能材料专家,生于四川安岳。2021 年当选为中国工程院院士。主要从事电磁辐射控制材料领域的基础理论、制备技术和工程应用研究。

傅正义(2021)

傅正义(1963 年 1 月—),高性能陶瓷材料专家,生于湖北随州。2021 年当选为中国工程院院士。主要从事高性能陶瓷与多功能复合材料研究。

刘加平(2021)

刘加平(1967 年 1 月—),土木工程材料专家,生于江苏海安。2021 年当选为中国工程院院士。主要从事混凝土收缩裂缝控制和超高性能化研究。

王双飞（2021）

王双飞（1963年9月—），制浆造纸工程专家，生于湖南攸县。2021年当选为中国工程院院士。主要从事造纸清洁生产与末端治理研究。

吴明红（2021）

吴明红（1968年3月—），环境工程专家，生于福建浦城。2021年当选为中国工程院院士。主要从事环境功能材料研发与有机复合污染控制研究。

邢丽英（2021）

邢丽英（1965年2月—），航空结构功能一体化复合材料技术专家，生于山东烟台。2021年当选为中国工程院院士。主要从事先进树脂基复合材料多功能化技术研究。

徐卫林（2021）

徐卫林（1969年4月—），纺织科学与工程专家，生于湖北罗田。2021年当选为中国工程院院士。主要从事先进纺纱技术与纺织品领域研究。

张立群（2021）

张立群（1969年12月—），橡胶材料专家，生于内蒙古多伦。2021年当选为中国工程院院士。主要从事高性能橡胶纳米复合材料、绿色橡胶材料和特种功能橡胶材料研究。

冯志海（2023）

冯志海（1965年1月—），复合材料专家，生于浙江绍兴。2023年当选为中国工程院院士。主要从事防热复合材料研制、应用基础和工程应用以及碳纤维国产化评价表征与应用技术研究。

高雄厚（2023）

高雄厚（1963年4月—），石油炼制催化剂专家，生于陕西米脂。2023年当选为中国工程院院士。主要从事炼油催化剂技术创新与工程化技术实践工作。

韩恩厚（2023）

韩恩厚（1961年8月—），材料腐蚀防护专家，生于山西忻州。2023年当选为中国工程院院士。主要从事材料腐蚀机理、腐蚀控制技术和腐蚀损伤定量表征方法研究。

赫晓东（2023）

赫晓东（1961年11月—），特种环境复合材料专家，生于黑龙江绥化。2023年当选为中国工程院院士。主要从事特种环境复合材料工程力学理论与应用研究。

胡石林（2023）

胡石林（1965年11月—），特种材料专家，生于湖南岳阳。2023年当选为中国工程院院士。主要从事材料生产技术研究。

黄　辉（2023）

黄辉（1961年2月—），专用材料专家，生于四川南充。2023年当选为中国工程院院士。主要从事专用材料及部件设计研制等技术研究。

刘日平（2023）

刘日平（1963年11月—），亚稳材料专家，生于山东潍坊。2023年当选为中国工程院院士。主要从事亚稳材料及其工程应用研究。

张福成（2023）

张福成（1964年8月—），钢铁冶金与加工专家，吉林蛟河人。2023年当选为中国工程院院士。主要从事先进钢铁材料冶金与加工技术领域研究。

赵中伟（2023）

赵中伟（1966年9月—），有色金属冶金专家，生于河北邯郸。2023年当选为中国工程院院士。主要从事有色金属冶金的科研和人才培养工作。

第五部分

材料领域的上市公司

（截至 2024 年 2 月 1 日）

半导体行业

安徽富乐德科技发展股份有限公司

翱捷科技股份有限公司

北方华创科技集团股份有限公司

北京华峰测控技术股份有限公司

北京京仪自动化装备技术股份有限公司

北京君正集成电路股份有限公司

北京赛微电子股份有限公司

北京晓程科技股份有限公司

北京燕东微电子股份有限公司

博通集成电路（上海）股份有限公司

常州银河世纪微电子股份有限公司

成都雷电微力科技股份有限公司

创耀（苏州）通信科技股份有限公司

东芯半导体股份有限公司

峰昭科技（深圳）股份有限公司

佛山市蓝箭电子股份有限公司

佛山市联动科技股份有限公司

福建阿石创新材料股份有限公司

福建睿能科技股份有限公司

富满微电子集团股份有限公司

格科微有限公司

格兰康希通信科技（上海）股份有限公司

广东利扬芯片测试股份有限公司

广东赛微微电子股份有限公司

广东希荻微电子股份有限公司

广州安凯微电子股份有限公司

广州慧智微电子股份有限公司

贵州振华风光半导体股份有限公司

国民技术股份有限公司

杭州广立微电子股份有限公司

杭州晶华微电子股份有限公司

杭州立昂微电子股份有限公司

杭州士兰微电子股份有限公司

杭州长川科技股份有限公司

合肥晶合集成电路股份有限公司

合肥顾中科技股份有限公司

合肥新汇成微电子股份有限公司

恒烁半导体（合肥）股份有限公司

恒玄科技（上海）股份有限公司

湖北台基半导体股份有限公司

湖南国科微电子股份有限公司

华海清科股份有限公司

华虹半导体有限公司

华润微电子有限公司

吉林华微电子股份有限公司

嘉兴斯达半导体股份有限公司

江苏艾森半导体材料股份有限公司

江苏大港股份有限公司

江苏帝奥微电子股份有限公司

江苏宏微科技股份有限公司

江苏华海诚科新材料股份有限公司

江苏捷捷微电子股份有限公司

江苏长电科技股份有限公司

江苏卓胜微电子股份有限公司

杰华特微电子股份有限公司

锦州神工半导体股份有限公司

晶晨半导体（上海）股份有限公司

炬芯科技股份有限公司

钜泉光电科技（上海）股份有限公司

聚辰半导体股份有限公司

澜起科技股份有限公司

乐鑫信息科技（上海）股份有限公司

龙芯中科技术股份有限公司

龙迅半导体（合肥）股份有限公司

美芯晟科技（北京）股份有限公司

南京冠石科技股份有限公司

南京晶升装备股份有限公司

宁波江丰电子材料股份有限公司

宁波康强电子股份有限公司

普冉半导体（上海）股份有限公司

气派科技股份有限公司

瑞芯微电子股份有限公司

山东天岳先进科技股份有限公司

陕西源杰半导体科技股份有限公司

上海艾为电子技术股份有限公司

上海安路信息科技股份有限公司

上海贝岭股份有限公司

上海灿瑞科技股份有限公司

上海复旦微电子集团股份有限公司

上海富瀚微电子股份有限公司

上海硅产业集团股份有限公司

上海华岭集成电路技术股份有限公司

上海晶丰明源半导体股份有限公司

上海南芯半导体科技股份有限公司

上海润欣科技股份有限公司

上海韦尔半导体股份有限公司

上海伟测半导体科技股份有限公司

上海芯导电子科技股份有限公司

上海新相微电子股份有限公司

深圳佰维存储科技股份有限公司

深圳清溢光电股份有限公司

深圳市必易微电子股份有限公司

深圳市德明利技术股份有限公司

深圳市汇顶科技股份有限公司

深圳市江波龙电子股份有限公司

深圳市朗科科技股份有限公司

深圳市力合微电子股份有限公司

深圳市明微电子股份有限公司

深圳市易天自动化设备股份有限公司

深圳市中科蓝讯科技股份有限公司

深圳天德钰科技股份有限公司

深圳英集芯科技股份有限公司

深圳中科飞测科技股份有限公司

沈阳富创精密设备股份有限公司

沈阳芯源微电子设备股份有限公司

圣邦微电子（北京）股份有限公司

思瑞浦微电子科技（苏州）股份有限公司

思特威（上海）电子科技股份有限公司

苏州东微半导体股份有限公司

苏州固锝电子股份有限公司

苏州国芯科技股份有限公司

苏州和林微纳科技股份有限公司

苏州晶方半导体科技股份有限公司

苏州锴威特半导体股份有限公司

苏州敏芯微电子技术股份有限公司

苏州纳芯微电子股份有限公司

苏州盛科通信股份有限公司

苏州长光华芯光电技术股份有限公司

拓荆科技股份有限公司

泰凌微电子（上海）股份有限公司

天津金海通半导体设备股份有限公司

通富微电子股份有限公司

唯捷创芯（天津）电子技术股份有限公司

无锡力芯微电子股份有限公司

无锡芯朋微电子股份有限公司

无锡新洁能股份有限公司

西安炬光科技股份有限公司

西安派瑞功率半导体变流技术股份有限公司

芯海科技（深圳）股份有限公司

芯联集成电路制造股份有限公司

芯原微电子（上海）股份有限公司

烟台睿创微纳技术股份有限公司

扬州扬杰电子科技股份有限公司

盈方微电子股份有限公司

甬矽电子（宁波）股份有限公司

有研半导体硅材料股份公司

裕太微电子股份有限公司

兆易创新科技集团股份有限公司

浙江铖昌科技股份有限公司

浙江臻镭科技股份有限公司

浙江中晶科技股份有限公司

中电科芯片技术股份有限公司

中科寒武纪科技股份有限公司

中微半导体（深圳）股份有限公司

中微半导体设备（上海）股份有限公司

中芯国际集成电路制造有限公司

中颖电子股份有限公司

珠海航宇微科技股份有限公司

珠海全志科技股份有限公司

紫光国芯微电子股份有限公司

电池材料行业

安徽安孚电池科技股份有限公司	力佳电源科技(深圳)股份有限公司
保力新能源科技股份有限公司	骆驼集团股份有限公司
北京当升材料科技股份有限公司	宁波容百新能源股份有限公司
北京亿华通科技股份有限公司	宁波震裕科技股份有限公司
贝特瑞新材料集团股份有限公司	宁德时代新能源科技股份有限公司
重庆市紫建电子股份有限公司	宁夏中银绒业股份有限公司
重庆万里新能源股份有限公司	诺德新材料股份有限公司
德力西新能源科技有限公司	山东圣阳电源股份有限公司
佛山市金银河智能装备股份有限公司	上海派能能源科技股份有限公司
孚能科技(赣州)股份有限公司	上海璞泰来新能源科技股份有限公司
福建星云电子股份有限公司	上海先惠自动化技术股份有限公司
广东博力威科技股份有限公司	深圳市德赛电池科技股份有限公司
广东芳源新材料集团股份有限公司	深圳市豪鹏科技股份有限公司
广东嘉元科技股份有限公司	深圳市科达利实业股份有限公司
广东力王新能源有限公司	深圳市曼恩斯特科技股份有限公司
广东利元亨智能装备股份有限公司	深圳市翔丰华科技股份有限公司
广州鹏辉能源科技股份有限公司	深圳市信宇人科技股份有限公司
贵州安达科技能源股份有限公司	深圳市星源材质科技股份有限公司
贵州振华新材料股份有限公司	深圳市雄韬电源科技股份有限公司
国轩高科股份有限公司	深圳市赢合科技股份有限公司
湖北万润新能源科技股份有限公司	深圳市誉辰智能装备股份有限公司
湖北中一科技股份有限公司	深圳新宙邦科技股份有限公司
湖南领湃科技集团股份有限公司	四川长虹新能源科技股份有限公司
湖南裕能新能源电池材料股份有限公司	天津国安盟固利新材料科技股份有限公司
湖南长远锂科股份有限公司	天能电池集团股份有限公司
惠州市惠德瑞锂电科技股份有限公司	无锡市金杨新材料股份有限公司
惠州亿纬锂能股份有限公司	无锡先导智能装备股份有限公司
江门市科恒实业股份有限公司	欣旺达电子股份有限公司
江苏蔚蓝锂芯股份有限公司	新乡天力锂能股份有限公司

云南恩捷新材料股份有限公司　　浙江天宏锂电股份有限公司
浙江杭可科技股份有限公司　　　浙江野马电池股份有限公司
浙江恒威电池股份有限公司　　　中伟新材料股份有限公司
浙江南都电源动力股份有限公司　珠海冠宇电池股份有限公司
浙江帕瓦新能源股份有限公司

电子元件行业

安徽晶赛科技股份有限公司	广东骏亚电子科技股份有限公司
安徽铜峰电子股份有限公司	广东科翔电子科技股份有限公司
安徽铜冠铜箔集团股份有限公司	广东美信科技股份有限公司
安徽芯动联科微系统股份有限公司	广东汕头超声电子股份有限公司
奥比中光科技集团股份有限公司	广东生益科技股份有限公司
奥士康科技股份有限公司	广东世运电路科技股份有限公司
北京元六鸿远电子科技股份有限公司	广东天承科技股份有限公司
博敏电子股份有限公司	广东依顿电子科技股份有限公司
重庆市泓禧科技股份有限公司	广东正业科技股份有限公司
常州澳弘电子股份有限公司	广州方邦电子股份有限公司
常州迅安科技股份有限公司	贵州航天电器股份有限公司
常州中英科技股份有限公司	海航科技股份有限公司
潮州三环(集团)股份有限公司	海洋王照明科技股份有限公司
成都国光电气股份有限公司	杭州朗鸿科技股份有限公司
成都思科瑞微电子股份有限公司	航天彩虹无人机股份有限公司
成都旭光电子股份有限公司	好利来(中国)电子科技股份有限公司
崇达技术股份有限公司	合肥高科科技股份有限公司
大恒新纪元科技股份有限公司	宏昌电子材料股份有限公司
大连达利凯普科技股份公司	鸿日达科技股份有限公司
大族激光科技产业集团股份有限公司	湖北久之洋红外系统股份有限公司
东南电子股份有限公司	湖南艾华集团股份有限公司
东旭光电科技股份有限公司	湖南科力远新能源股份有限公司
方正科技集团股份有限公司	沪士电子股份有限公司
佛山电器照明股份有限公司	华工科技产业股份有限公司
福建火炬电子科技股份有限公司	惠州中京电子科技股份有限公司
赣州逸豪新材料股份有限公司	吉安满坤科技股份有限公司
广东超华科技股份有限公司	江苏本川智能电路科技股份有限公司
广东风华高新科技股份有限公司	江苏菲沃泰纳米科技股份有限公司
广东富信科技股份有限公司	江苏协昌电子科技集团股份有限公司
广东惠伦晶体科技股份有限公司	江苏协和电子股份有限公司

江苏远航精密合金科技股份有限公司

江西威尔高电子股份有限公司

金安国纪集团股份有限公司

金禄电子科技股份有限公司

京东方科技集团股份有限公司

九江德福科技股份有限公司

昆山国力电子科技股份有限公司

隆扬电子(昆山)股份有限公司

南京高华科技股份有限公司

南京国博电子股份有限公司

南通江海电容器股份有限公司

南亚新材料科技股份有限公司

宁波杉杉股份有限公司

鹏鼎控股(深圳)股份有限公司

青岛豪江智能科技股份有限公司

三未信安科技股份有限公司

厦门法拉电子股份有限公司

厦门弘信电子科技集团股份有限公司

厦门厦钨新能源材料股份有限公司

陕西华达科技股份有限公司

上海威贸电子股份有限公司

深南电路股份有限公司

深圳安培龙科技股份有限公司

深圳光韵达光电科技股份有限公司

深圳华强实业股份有限公司

深圳明阳电路科技股份有限公司

深圳市创益通技术股份有限公司

深圳市泛海统联精密制造股份有限
　公司

深圳市好上好信息科技股份有限公司

深圳市汇川技术股份有限公司

深圳市杰美特科技股份有限公司

深圳市杰普特光电股份有限公司

深圳市金百泽电子科技股份有限公司

深圳市金溢科技股份有限公司

深圳市景旺电子股份有限公司

深圳市民德电子科技股份有限公司

深圳市实益达科技股份有限公司

深圳市唯特偶新材料股份有限公司

深圳市兴森快捷电路科技股份有限
　公司

深圳市迅捷兴科技股份有限公司

深圳市一博科技股份有限公司

深圳市远望谷信息技术股份有限公司

深圳市则成电子股份有限公司

深圳顺络电子股份有限公司

深圳云里物里科技股份有限公司

深圳中富电路股份有限公司

深圳中恒华发股份有限公司

生益电子股份有限公司

胜宏科技(惠州)股份有限公司

四川华丰科技股份有限公司

四川天微电子股份有限公司

四会富仕电子科技股份有限公司

苏州东山精密制造股份有限公司

苏州可川电子科技股份有限公司

苏州清越光电科技股份有限公司

苏州瑞可达连接系统股份有限公司

苏州世华新材料科技股份有限公司

泰晶科技股份有限公司

天键电声股份有限公司

天津普林电路股份有限公司

维峰电子(广东)股份有限公司

维科技术股份有限公司

潍坊智新电子股份有限公司

无锡盛景微电子股份有限公司

芜湖雅葆轩电子科技股份有限公司

武汉高德红外股份有限公司

武汉金运激光股份有限公司

武汉锐科光纤激光技术股份有限公司

武汉长盈通光电技术股份有限公司

贤丰控股股份有限公司

香农芯创科技股份有限公司

新亚电子制程(广东)股份有限公司

信音电子(中国)股份有限公司

烟台德邦科技股份有限公司

伊戈尔电气股份有限公司

英诺激光科技股份有限公司

长沙景嘉微电子股份有限公司

浙江大立科技股份有限公司

浙江东晶电子股份有限公司

浙江豪声电子科技股份有限公司

浙江华正新材料股份有限公司

浙江洁美电子科技股份有限公司

浙江珠城科技股份有限公司

中国振华(集团)科技股份有限公司

中航光电科技股份有限公司

珠海雷特科技股份有限公司

株洲宏达电子股份有限公司

钢铁行业

安阳钢铁股份有限公司

鞍钢股份有限公司

宝山钢铁股份有限公司

北京首钢股份有限公司

本钢板材股份有限公司

重庆钢铁股份有限公司

方大特钢科技股份有限公司

福建三钢闽光股份有限公司

抚顺特殊钢股份有限公司

甘肃酒钢集团宏兴钢铁股份有限公司

广东明珠集团股份有限公司

广东中南钢铁股份有限公司

海南矿业股份有限公司

杭州钢铁股份有限公司

河钢股份有限公司

河钢资源股份有限公司

湖南华菱钢铁股份有限公司

湖南惠同新材料股份有限公司

江苏常宝钢管股份有限公司

江苏沙钢股份有限公司

江苏武进不锈股份有限公司

凌源钢铁股份有限公司

柳州钢铁股份有限公司

马鞍山钢铁股份有限公司

南京钢铁股份有限公司

内蒙古包钢钢联股份有限公司

内蒙古大中矿业股份有限公司

内蒙古鄂尔多斯资源股份有限公司

攀钢集团钒钛资源股份有限公司

青岛东方铁塔股份有限公司

山东钢铁股份有限公司

山东金岭矿业股份有限公司

山西太钢不锈钢股份有限公司

盛德鑫泰新材料股份有限公司

四川安宁铁钛股份有限公司

天津友发钢管集团股份有限公司

西宁特殊钢股份有限公司

新疆八一钢铁股份有限公司

新疆宝地矿业股份有限公司

新兴铸管股份有限公司

新余钢铁股份有限公司

徐州中煤百甲重钢科技股份有限公司

永兴特种材料科技股份有限公司

张家港广大特材股份有限公司

浙江华达新型材料股份有限公司

浙江金洲管道科技股份有限公司

浙江久立特材科技股份有限公司

浙江甬金金属科技股份有限公司

中信泰富特钢集团股份有限公司

化学原料行业

安徽安纳达钛业股份有限公司

安徽华尔泰化工股份有限公司

安徽华塑股份有限公司

滨化集团股份有限公司

诚志股份有限公司

丹化化工科技股份有限公司

东莞市汉维科技股份有限公司

广东惠云钛业股份有限公司

贵州红星发展股份有限公司

贵州中毅达股份有限公司

航锦科技股份有限公司

河北美邦工程科技股份有限公司

河南硅烷科技发展股份有限公司

鸿达兴业股份有限公司

湖北双环科技股份有限公司

湖北宜化化工股份有限公司

湖北振华化学股份有限公司

湖南恒光科技股份有限公司

华融化学股份有限公司

华润化学材料科技股份有限公司

惠州仁信新材料股份有限公司

江苏恒兴新材料科技股份有限公司

江苏瑞泰新能源材料股份有限公司

江苏苏盐井神股份有限公司

江苏索普化工股份有限公司

江苏新瀚新材料股份有限公司

江西省盐业集团股份有限公司

江西世龙实业股份有限公司

金能科技股份有限公司

金浦钛业股份有限公司

金三江(肇庆)硅材料股份有限公司

利华益维远化学股份有限公司

辽宁奥克化学股份有限公司

柳州化工股份有限公司

龙佰集团股份有限公司

龙口联合化学股份有限公司

鲁西化工集团股份有限公司

麦加芯彩新材料科技(上海)股份有限公司

南通江天化学股份有限公司

内蒙古君正能源化工集团股份有限公司

内蒙古远兴能源股份有限公司

宁夏宝丰能源集团股份有限公司

宁夏英力特化工股份有限公司

三祥新材股份有限公司

山东丰元化学股份有限公司

山东海化股份有限公司

山东华鲁恒升化工股份有限公司

山东华阳迪尔化工股份有限公司

山东凯盛新材料股份有限公司

山东隆华新材料股份有限公司

山东鲁北化工股份有限公司

山东齐鲁华信实业股份有限公司

山东三维化学集团股份有限公司

陕西北元化工集团股份有限公司

陕西兴化化学股份有限公司

绍兴兴欣新材料股份有限公司

四川和邦生物科技股份有限公司

四川侨源气体股份有限公司

四川新金路集团股份有限公司
宿迁联盛科技股份有限公司
唐山三友化工股份有限公司
潍坊亚星化学股份有限公司
卫星化学股份有限公司
湘潭电化科技股份有限公司
新疆天业股份有限公司
新疆中泰化学股份有限公司
星辉环保材料股份有限公司
雪天盐业集团股份有限公司
宜宾天原集团股份有限公司

亿利洁能股份有限公司
云南能源投资股份有限公司
浙江本立科技股份有限公司
浙江博菲电气股份有限公司
浙江大洋生物科技集团股份有限公司
浙江鼎龙科技股份有限公司
浙江万丰化工股份有限公司
浙江镇洋发展股份有限公司
中触媒新材料股份有限公司
中核华原钛白股份有限公司

塑料制品行业

艾艾精密工业输送系统(上海)股份有限公司

爱丽家居科技股份有限公司

安徽安利材料科技股份有限公司

安徽国风新材料股份有限公司

安徽神剑新材料股份有限公司

安徽万朗磁塑股份有限公司

沧州明珠塑料股份有限公司

茶花现代家居用品股份有限公司

道明光学股份有限公司

佛山佛塑科技集团股份有限公司

广东德冠薄膜新材料股份有限公司

广东聚石化学有限公司

广东美联新材料股份有限公司

广东奇德新材料股份有限公司

广东银禧科技股份有限公司

广州洁特生物过滤股份有限公司

广州鹿山新材料股份有限公司

广州市聚赛龙工程塑料股份有限公司

广州新莱福新材料股份有限公司

杭州和顺科技股份有限公司

湖北宏裕新型包材股份有限公司

湖北祥源新材科技股份有限公司

会通新材料股份有限公司

吉林省中研高分子材料股份有限公司

江苏博云塑业股份有限公司

江苏泛亚微透科技股份有限公司

江苏华信新材料股份有限公司

江苏双星彩塑新材料股份有限公司

江苏斯迪克新材料科技股份有限公司

金发科技股份有限公司

金富科技股份有限公司

乐凯胶片股份有限公司

南京沪江复合材料股份有限公司

南京聚隆科技股份有限公司

宁波横河精密工业股份有限公司

宁波家联科技股份有限公司

宁波色母粒股份有限公司

宁波天龙电子股份有限公司

宁波喜悦智行科技股份有限公司

宁波长鸿高分子科技股份有限公司

秦皇岛天秦装备制造股份有限公司

青岛国恩科技股份有限公司

厦门唯科模塑科技股份有限公司

山东道恩高分子材料股份有限公司

山东日科化学股份有限公司

山东瑞丰高分子材料股份有限公司

山东英科环保再生资源股份有限公司

上海华峰超纤科技股份有限公司

上海纳尔实业股份有限公司

上海普利特复合材料股份有限公司

上海唯万密封科技股份有限公司

上海永利带业股份有限公司

上海肇民新材料科技股份有限公司

上纬新材料科技股份有限公司

深圳瑞华泰薄膜科技股份有限公司

深圳市富恒新材料股份有限公司

深圳市同益实业股份有限公司

深圳市沃特新材料股份有限公司

深圳至正高分子材料股份有限公司

四川东材科技集团股份有限公司　　浙江大东南股份有限公司

苏州宝丽迪材料科技股份有限公司　浙江福莱新材料股份有限公司

苏州禾昌聚合材料股份有限公司　　浙江海象新材料股份有限公司

苏州兴业材料科技股份有限公司　　浙江皇马科技股份有限公司

天津利安隆新材料股份有限公司　　浙江润阳新材料科技股份有限公司

通达创智（厦门）股份有限公司　　浙江天振科技股份有限公司

无锡阿科力科技股份有限公司　　　浙江万盛股份有限公司

西安蓝晓科技新材料股份有限公司　浙江众成包装材料股份有限公司

新纶新材料股份有限公司　　　　　镇江三维输送装备股份有限公司

扬州晨化新材料股份有限公司　　　珠海市派特尔科技股份有限公司

永悦科技股份有限公司

橡胶制品行业

成都盛帮密封件股份有限公司 三角轮胎股份有限公司
风神轮胎股份有限公司 三力士股份有限公司
贵州轮胎股份有限公司 三维控股集团股份有限公司
海南天然橡胶产业集团股份有限公司 山东联科科技股份有限公司
河北华密新材科技股份有限公司 山东玲珑轮胎股份有限公司
佳通轮胎股份有限公司 山东阳谷华泰化工股份有限公司
江苏科强新材料股份有限公司 山西永东化工股份有限公司
江苏通用科技股份有限公司 深圳科创新源新材料股份有限公司
江西黑猫炭黑股份有限公司 四川川环科技股份有限公司
江阴海达橡塑股份有限公司 彤程新材料集团股份有限公司
龙星化工股份有限公司 浙江丰茂科技股份有限公司
漯河利通液压科技股份有限公司 浙江双箭橡胶股份有限公司
青岛森麒麟轮胎股份有限公司 浙江天铁实业股份有限公司
青岛双星股份有限公司 震安科技股份有限公司
赛轮集团股份有限公司 中裕软管科技股份有限公司

玻璃玻纤行业

北京凯德石英股份有限公司　　　　　山东华鹏玻璃股份有限公司
重庆国际复合材料股份有限公司　　　山东金晶科技股份有限公司
重庆再升科技股份有限公司　　　　　山东力诺特种玻璃股份有限公司
福耀玻璃工业集团股份有限公司　　　上海耀皮玻璃集团股份有限公司
海控南海发展股份有限公司　　　　　深圳市信濠光电科技股份有限公司
宏和电子材料科技股份有限公司　　　中材科技股份有限公司
湖北三峡新型建材股份有限公司　　　中国巨石股份有限公司
江苏长海复合材料股份有限公司　　　中国南玻集团股份有限公司
江苏正威新材料股份有限公司　　　　株洲旗滨集团股份有限公司
山东玻纤集团股份有限公司

贵金属行业

郴州市金贵银业股份有限公司	四川容大黄金股份有限公司
赤峰吉隆黄金矿业股份有限公司	银泰黄金股份有限公司
湖南黄金股份有限公司	中金黄金股份有限公司
山东恒邦冶炼股份有限公司	中润资源投资股份有限公司
山东黄金矿业股份有限公司	紫金矿业集团股份有限公司

化学制品行业

安徽华恒生物科技股份有限公司

安徽佳先功能助剂股份有限公司

安徽江南化工股份有限公司

鞍山七彩化学股份有限公司

百合花集团股份有限公司

保利联合化工控股集团股份有限公司

北方化学工业股份有限公司

北京高盟新材料股份有限公司

北京海新能源科技股份有限公司

博爱新开源医疗科技集团股份有限
　　公司

重庆登康口腔护理用品股份有限公司

重庆康普化学工业股份有限公司

重庆三峡油漆股份有限公司

沧州大化股份有限公司

常州天晟新材料股份有限公司

成都硅宝科技股份有限公司

呈和科技股份有限公司

大庆华科股份有限公司

东来涂料技术（上海）股份有限公司

多氟多新材料股份有限公司

福建赛特新材股份有限公司

福建元力活性炭股份有限公司

福建远翔新材料股份有限公司

甘肃亚太实业发展股份有限公司

广东德联集团股份有限公司

广东德美精细化工集团股份有限公司

广东红墙新材料股份有限公司

广东天安新材料股份有限公司

广东宇新能源科技股份有限公司

广州集泰化工股份有限公司

广州凌玮科技股份有限公司

广州天赐高新材料股份有限公司

贵州川恒化工股份有限公司

杭华油墨股份有限公司

杭州福莱蒽特股份有限公司

杭州聚合顺新材料股份有限公司

杭州凯大催化金属材料股份有限公司

河北建新化工股份有限公司

河南清水源科技股份有限公司

红宝丽集团股份有限公司

湖北国创高新材料股份有限公司

湖北和远气体股份有限公司

湖北回天新材料股份有限公司

湖北江瀚新材料股份有限公司

湖北凯龙化工集团股份有限公司

湖南凯美特气体股份有限公司

湖南丽臣实业股份有限公司

湖南松井新材料股份有限公司

惠柏新材料科技（上海）股份有限公司

济南圣泉集团股份有限公司

江苏百川高科新材料股份有限公司

江苏宝利国际投资股份有限公司

江苏常青树新材料科技股份有限公司

江苏富淼科技股份有限公司

江苏华盛锂电材料股份有限公司

江苏锦鸡实业股份有限公司

江苏龙蟠科技股份有限公司

江苏美思德化学股份有限公司

江苏三房巷聚材股份有限公司

江苏苏博特新材料股份有限公司

山东联创产业发展集团股份有限公司

江苏天奈科技股份有限公司

山东泰和科技股份有限公司

江苏雅克科技股份有限公司

山东同大海岛新材料股份有限公司

江苏亚邦染料股份有限公司

山东一诺威聚氨酯股份有限公司

江苏怡达化学股份有限公司

山西壶化集团股份有限公司

江苏正丹化学工业股份有限公司

山西同德化工股份有限公司

江西晨光新材料股份有限公司

上海安诺其集团股份有限公司

江西国泰集团股份有限公司

上海保立佳化工股份有限公司

江西宏柏新材料股份有限公司

上海华谊集团股份有限公司

金陵华软科技股份有限公司

上海汇得科技股份有限公司

九江善水科技股份有限公司

上海金力泰化工股份有限公司

聚胶新材料股份有限公司

上海晶华胶粘新材料股份有限公司

康达新材料(集团)股份有限公司

上海凯赛生物技术股份有限公司

昆山亚香香料股份有限公司

上海康鹏科技股份有限公司

蓝星安迪苏股份有限公司

上海氯碱化工股份有限公司

联泓新材料科技股份有限公司

上海雅运纺织化工股份有限公司

辽宁鼎际得石化股份有限公司

上海永冠众诚新材料科技(集团)股份

辽宁科隆精细化工股份有限公司

  有限公司

辽宁信德新材料科技股份有限公司

深圳市德方纳米科技股份有限公司

龙岩卓越新能源股份有限公司

深圳市金奥博科技股份有限公司

美瑞新材料股份有限公司

胜华新材料集团股份有限公司

南京熊猫电子股份有限公司

双乐颜料股份有限公司

南通醋酸化工股份有限公司

四川达威科技股份有限公司

宁波润禾高新材料科技股份有限公司

四川雅化实业集团股份有限公司

宁波先锋新材料股份有限公司

苏州世名科技股份有限公司

宁夏中科生物科技股份有限公司

唐山三孚硅业股份有限公司

确成硅化学股份有限公司

天津渤海化学股份有限公司

山东宝莫生物化工股份有限公司

天津久日新材料股份有限公司

山东东岳有机硅材料股份有限公司

天津凯华绝缘材料股份有限公司

山东国瓷功能材料股份有限公司

万华化学集团股份有限公司

山东海科新源材料科技股份有限公司

万凯新材料股份有限公司

山东赫达集团股份有限公司

威海光威复合材料股份有限公司

无锡洪汇新材料科技股份有限公司

西安凯立新材料股份有限公司

西安万德能源化学股份有限公司

新东方新材料股份有限公司

新疆雪峰科技(集团)股份有限公司

新乡市瑞丰新材料股份有限公司

新亚强硅化学股份有限公司

兄弟科技股份有限公司

易普力股份有限公司

营口风光新材料股份有限公司

元利化学集团股份有限公司

赞宇科技集团股份有限公司

长华化学科技股份有限公司

浙江光华科技股份有限公司

浙江吉华集团股份有限公司

浙江嘉澳环保科技股份有限公司

浙江嘉化能源化工股份有限公司

浙江建业化工股份有限公司

浙江巨化股份有限公司

浙江联盛化学股份有限公司

浙江龙盛集团股份有限公司

浙江闰土股份有限公司

浙江三美化工股份有限公司

浙江新化化工股份有限公司

浙江星华新材料集团股份有限公司

浙江夜光明光电科技股份有限公司

浙江永和制冷股份有限公司

浙江永太科技股份有限公司

浙江争光实业股份有限公司

浙江中欣氟材股份有限公司

中广核核技术发展股份有限公司

中化国际(控股)股份有限公司

中自环保科技股份有限公司

珠海市乐通化工股份有限公司

株洲飞鹿高新材料技术股份有限公司

淄博齐翔腾达化工股份有限公司

非金属材料行业

安徽壹石通材料科技股份有限公司

重庆长江造型材料（集团）股份有限公司

方大炭素新材料科技股份有限公司

福建坤彩材料科技股份有限公司

广东奔朗新材料股份有限公司

广东道氏技术股份有限公司

杭州天地数码科技股份有限公司

合盛硅业股份有限公司

河南黄河旋风股份有限公司

河南省力量钻石股份有限公司

河南天马新材料股份有限公司

湖北菲利华石英玻璃股份有限公司

湖南中科电气股份有限公司

江苏联瑞新材料股份有限公司

江苏太平洋石英股份有限公司

江西宁新新材料股份有限公司

辽宁东和新材料股份有限公司

鲁信创业投资集团股份有限公司

洛阳建龙微纳新材料股份有限公司

攀枝花秉扬科技股份有限公司

平顶山东方碳素股份有限公司

陕西华秦科技实业股份有限公司

深圳市沃尔核材股份有限公司

石家庄尚太科技股份有限公司

索通发展股份有限公司

天通控股股份有限公司

杨凌美畅新材料股份有限公司

柘城惠丰钻石科技股份有限公司

浙江荣泰电工器材股份有限公司

中钢洛耐科技股份有限公司

中钢天源股份有限公司

能源金属行业

赣州腾远钴业新材料股份有限公司　　盛新锂能集团股份有限公司
格林美股份有限公司　　　　　　　　苏州天华新能源科技股份有限公司
江西赣锋锂业集团股份有限公司　　　天齐锂业股份有限公司
南京寒锐钴业股份有限公司　　　　　西藏矿业发展股份有限公司
融捷股份有限公司　　　　　　　　　浙江华友钴业股份有限公司
盛屯矿业集团股份有限公司

水泥建材行业

安徽富煌钢构股份有限公司

安徽海螺水泥股份有限公司

安徽鸿路钢结构(集团)股份有限公司

北京韩建河山管业股份有限公司

北京金隅集团股份有限公司

长江精工钢结构(集团)股份有限公司

重庆三圣实业股份有限公司

重庆四方新材股份有限公司

福建水泥股份有限公司

甘肃上峰水泥股份有限公司

广东三和管桩股份有限公司

广东塔牌集团股份有限公司

海南瑞泽新型建材股份有限公司

杭萧钢构股份有限公司

华新水泥股份有限公司

吉林亚泰(集团)股份有限公司

江西万年青水泥股份有限公司

宁波富达股份有限公司

宁夏建材集团股份有限公司

山东龙泉管业股份有限公司

深圳市天地(集团)股份有限公司

四川和谐双马股份有限公司

四川金顶(集团)股份有限公司

唐山冀东水泥股份有限公司

西藏天路股份有限公司

新疆国统管道股份有限公司

新疆青松建材化工(集团)股份有限公司

新疆天山水泥股份有限公司

浙江尖峰集团股份有限公司

中建西部建设股份有限公司

小金属行业

安徽大地熊新材料股份有限公司
安徽龙磁科技股份有限公司
宝鸡钛业股份有限公司
北京中科三环高技术股份有限公司
北矿科技股份有限公司
成都银河磁体股份有限公司
重庆丰华(集团)股份有限公司
崇义章源钨业股份有限公司
东莞宜安科技股份有限公司
广晟有色金属股份有限公司
广东东方锆业科技股份有限公司
广东翔鹭钨业股份有限公司
贵研铂业股份有限公司
横店集团东磁股份有限公司
江苏博迁新材料股份有限公司
江西金力永磁科技股份有限公司
金堆城钼业股份有限公司
锦州永杉锂业股份有限公司
洛阳栾川钼业集团股份有限公司
宁波韵升股份有限公司

宁夏东方钽业股份有限公司
青岛云路先进材料技术股份有限公司
山西华阳新材料股份有限公司
深圳市铂科新材料股份有限公司
盛和资源控股股份有限公司
西部金属材料股份有限公司
厦门钨业股份有限公司
徐州浩通新材料科技股份有限公司
烟台正海磁性材料股份有限公司
英洛华科技股份有限公司
有研新材料股份有限公司
云南临沧鑫圆锗业股份有限公司
云南锡业股份有限公司
浙江中科磁业股份有限公司
中国北方稀土(集团)高科技股份有限
    公司
中国稀土集团资源科技股份有限公司
中矿资源集团股份有限公司
中钨高新材料股份有限公司

装修建材行业

安徽森泰木塑集团股份有限公司

北京东方雨虹防水技术股份有限公司

北京嘉寓门窗幕墙股份有限公司

北京利尔高温材料股份有限公司

北新集团建材股份有限公司

大亚圣象家居股份有限公司

德尔未来科技控股集团股份有限公司

德华兔宝宝装饰新材股份有限公司

帝欧家居集团股份有限公司

菲林格尔家居科技股份有限公司

福建纳川管材科技股份有限公司

福建省永安林业(集团)股份有限公司

公元股份有限公司

顾地科技股份有限公司

顾家家居股份有限公司

广东顶固集创家居股份有限公司

广东东鹏控股股份有限公司

广东坚朗五金制品股份有限公司

广东皮阿诺科学艺术家居股份有限
    公司

广东四通集团股份有限公司

广东松发陶瓷股份有限公司

广东雄塑科技集团股份有限公司

广西丰林木业集团股份有限公司

广州好莱客创意家居股份有限公司

广州尚品宅配家居股份有限公司

哈尔滨森鹰窗业股份有限公司

海螺(安徽)节能环保新材料股份有限
    公司

恒林家居股份有限公司

湖南华联瓷业股份有限公司

箭牌家居集团股份有限公司

江山欧派门业股份有限公司

江苏恒尚节能科技股份有限公司

江苏晶雪节能科技股份有限公司

江苏凯伦建材股份有限公司

金牌厨柜家居科技股份有限公司

康欣新材料股份有限公司

科顺防水科技股份有限公司

垒知控股集团股份有限公司

美克国际家居用品股份有限公司

蒙娜丽莎集团股份有限公司

梦百合家居科技股份有限公司

南京我乐家居股份有限公司

宁夏青龙管业集团股份有限公司

欧派家居集团股份有限公司

濮阳濮耐高温材料(集团)股份有限
    公司

麒盛科技股份有限公司

曲美家居集团股份有限公司

瑞泰科技股份有限公司

三棵树涂料股份有限公司

山东东宏管业股份有限公司

山东鲁阳节能材料股份有限公司

山东雅博科技股份有限公司

上海悦心健康集团股份有限公司

双枪科技股份有限公司

苏州扬子江新型材料股份有限公司

索菲亚家居股份有限公司

喜临门家具股份有限公司

厦门瑞尔特卫浴科技股份有限公司

厦门松霖科技股份有限公司

厦门万里石股份有限公司

亚士创能科技（上海）股份有限公司

亚振家居股份有限公司

永艺家具股份有限公司

浙江开尔新材料股份有限公司

浙江伟星新型建材股份有限公司

浙江友邦集成吊顶股份有限公司

浙江正特股份有限公司

正源控股股份有限公司

志邦家居股份有限公司

中亿丰罗普斯金材料科技股份有限公司

中源家居股份有限公司

有色金属行业

安徽楚江科技新材料股份有限公司

安徽鑫铂铝业股份有限公司

安徽鑫科新材料股份有限公司

安徽众源新材料股份有限公司

白银有色集团股份有限公司

宝武镁业科技股份有限公司

北方铜业股份有限公司

北京钢研高纳科技股份有限公司

重庆顺博铝合金股份有限公司

创新新材料科技股份有限公司

福达合金材料股份有限公司

福建省闽发铝业股份有限公司

光智科技股份有限公司

广东豪美新材股份有限公司

广东和胜工业铝材股份有限公司

广东华锋新能源科技股份有限公司

广东精艺金属股份有限公司

国城矿业股份有限公司

杭州屹通新材料股份有限公司

河南明泰铝业股份有限公司

河南神火煤电股份有限公司

河南豫光金铅股份有限公司

河南中孚实业股份有限公司

葫芦岛锌业股份有限公司

湖南新威凌金属新材料科技股份有限
　　公司

吉林利源精制股份有限公司

江苏常铝铝业集团股份有限公司

江苏鼎胜新能源材料股份有限公司

江苏丽岛新材料股份有限公司

江苏隆达超合金股份有限公司

江苏图南合金股份有限公司

江苏亚太轻合金科技股份有限公司

江西铜业股份有限公司

江西悦安新材料股份有限公司

江西志特新材料股份有限公司

江阴电工合金股份有限公司

焦作万方铝业股份有限公司

金徽矿业股份有限公司

南通海星电子股份有限公司

内蒙古兴业银锡矿业股份有限公司

宁波博威合金材料股份有限公司

宁波富邦精业集团股份有限公司

宁波金田铜业(集团)股份有限公司

鹏欣环球资源股份有限公司

山东宏创铝业控股股份有限公司

山东南山铝业股份有限公司

陕西斯瑞新材料股份有限公司

汕头万顺新材集团股份有限公司

上海华峰铝业股份有限公司

上海中洲特种合金材料股份有限公司

深圳市新星轻合金材料股份有限公司

深圳市中金岭南有色金属股份有限
　　公司

盛达金属资源股份有限公司

四川宏达股份有限公司

苏州新锐合金工具股份有限公司

天津锐新昌科技股份有限公司

天山铝业集团股份有限公司

铜陵有色金属集团股份有限公司

西部超导材料科技股份有限公司
西部矿业股份有限公司
西藏华钰矿业股份有限公司
西藏珠峰资源股份有限公司
新疆合金投资股份有限公司
新疆众和股份有限公司
怡球金属资源再生（中国）股份有限
　　公司
银邦金属复合材料股份有限公司

有研粉末新材料股份有限公司
云南驰宏锌锗股份有限公司
云南罗平锌电股份有限公司
云南铝业股份有限公司
云南铜业股份有限公司
浙江海亮股份有限公司
中国铝业股份有限公司
中国有色金属建设股份有限公司
株洲冶炼集团股份有限公司

煤炭行业

安徽恒源煤电股份有限公司
安源煤业集团股份有限公司
宝泰隆新材料股份有限公司
北京昊华能源股份有限公司
甘肃能化股份有限公司
贵州盘江精煤股份有限公司
河南大有能源股份有限公司
淮北矿业控股股份有限公司
冀中能源股份有限公司
江苏徐矿能源股份有限公司
晋能控股山西煤业股份有限公司
开滦能源化工股份有限公司
辽宁能源煤电产业股份有限公司
潞安环保能源开发股份有限公司
内蒙古电投能源股份有限公司
内蒙古伊泰煤炭股份有限公司
平顶山天安煤业股份有限公司
山煤国际能源集团股份有限公司

山西安泰集团股份有限公司
山西焦化股份有限公司
山西焦煤能源集团股份有限公司
山西兰花科技创业股份有限公司
山西美锦能源股份有限公司
陕西黑猫焦化股份有限公司
陕西煤业股份有限公司
上海大屯能源股份有限公司
上海智汇未来医疗服务股份有限公司
新大洲控股股份有限公司
兖矿能源集团股份有限公司
云南煤业能源股份有限公司
云南云维股份有限公司
郑州煤电股份有限公司
中国神华能源股份有限公司
中国中煤能源股份有限公司
中煤新集能源股份有限公司

化纤行业

安徽皖维高新材料股份有限公司

广东蒙泰高新纤维股份有限公司

广东新会美达锦纶股份有限公司

恒力石化股份有限公司

恒天海龙股份有限公司

恒逸石化股份有限公司

华峰化学股份有限公司

吉林化纤股份有限公司

吉林碳谷碳纤维股份有限公司

江苏东方盛虹股份有限公司

江苏华西村股份有限公司

江苏江南高纤股份有限公司

南京化纤股份有限公司

荣盛石化股份有限公司

神马实业股份有限公司

苏州龙杰特种纤维股份有限公司

泰和新材集团股份有限公司

同益中新材料科技股份有限公司

桐昆集团股份有限公司

新凤鸣集团股份有限公司

新乡化纤股份有限公司

义乌华鼎锦纶股份有限公司

优彩环保资源科技股份有限公司

浙江海利得新材料股份有限公司

浙江海正生物材料股份有限公司

浙江汇隆新材料股份有限公司

浙江尤夫高新纤维股份有限公司

中复神鹰碳纤维股份有限公司

中简科技股份有限公司

包装材料行业

奥瑞金科技股份有限公司

北京盛通印刷股份有限公司

广东东峰新材料集团股份有限公司

广东天元实业集团股份有限公司

广东英联包装股份有限公司

河北方大新材料股份有限公司

黄山永新股份有限公司

嘉美食品包装股份有限公司

昆山佳合纸制品科技股份有限公司

美盈森集团股份有限公司

山东中锐产业发展股份有限公司

陕西金叶科教集团股份有限公司

上海艾录包装股份有限公司

上海宝钢包装股份有限公司

上海海顺新型药用包装材料股份有限公司

上海新通联包装股份有限公司

上海易连实业集团股份有限公司

上海紫江企业集团股份有限公司

深圳劲嘉集团股份有限公司

深圳王子新材料股份有限公司

昇兴集团股份有限公司

顺灏新材料科技股份有限公司

四川金时科技股份有限公司

苏州华源控股股份有限公司

西安环球印务股份有限公司

厦门合兴包装印刷股份有限公司

新巨丰科技包装股份有限公司

浙江大胜达包装股份有限公司

中荣印刷集团股份有限公司

珠海中富实业股份有限公司